书山有路勤为径，优质资源伴你行
注册世纪波学院会员，享精品图书增值服务

典藏版

突破项目管理的瓶颈

关键链

Critical Chain

[以] 艾利·高德拉特（Eliyahu M. Goldratt） 著

罗嘉颖 译 罗镇坤 审校

电子工业出版社

Publishing House of Electronics Industry

北京·BEIJING

Eliyahu M. Goldratt: Critical Chain

Copyright © 1997 Eliyahu M. Goldratt

© 2013 Goldratt 1 Ltd.

In memory of the author, the late Eliyahu M. Goldratt. Words cannot describe our esteem and respect for his lifeworks.

怀念已逝去的作者艾利·高德拉特，我们对他毕生著作及贡献的崇敬，非笔墨所能形容

ISBN: 0-88427-153-6

Simplified Chinese edition published by Publishing House of Electronics Industry by arrangement with Uniteam Hong Kong Limited, Hong Kong, China. Reviewed by William C.K. Law. All rights reserved.

Printed in the People's Republic of China.

全球中文版出版权拥有者：力天香港有限公司（地址：香港九龙湾宏开道 16 号德福大厦 1208 室　电话：852-26954929　传真：852-27952660　电子邮件：wlaw@tocnet.com）

本书中文简体字版由力天香港有限公司授权电子工业出版社独家出版发行。未经书面许可，不得以任何方式抄袭、复制或节录本书中的任何内容。

版权贸易合同登记号　图字：01-2005-5922

图书在版编目（CIP）数据

关键链：典藏版 /（以）艾利·高德拉特（Eliyahu M. Goldratt）著；罗嘉颖译. —北京：电子工业出版社，2019.4

书名原文：Critical Chain

ISBN 978-7-121-36217-0

Ⅰ. ①关… Ⅱ. ①艾… ②罗… Ⅲ. ①企业管理—项目管理 Ⅳ. ①F272

中国版本图书馆 CIP 数据核字(2019)第 059634 号

策划编辑：晋　晶
责任编辑：袁桂春
印　　刷：北京盛通数码印刷有限公司
装　　订：北京盛通数码印刷有限公司
出版发行：电子工业出版社
　　　　　北京市海淀区万寿路 173 信箱　邮编 100036
开　　本：720×1000　1/16　印张：16.25　字数：219 千字
版　　次：2019 年 4 月第 1 版
印　　次：2025 年 11 月第 18 次印刷
定　　价：69.00 元

凡所购买电子工业出版社图书有缺损问题，请向购买书店调换。若书店售缺，请与本社发行部联系，联系及邮购电话：（010）88254888，88258888。

质量投诉请发邮件至 zlts@phei.com.cn，盗版侵权举报请发邮件至 dbqq@phei.com.cn。

本书咨询联系方式：（010）88254199，sjb@phei.com.cn。

作者简介

艾利·高德拉特（Eliyahu M. Goldratt）

高德拉特博士是以色列物理学家、企管大师、哲学家、教育家、高德拉特全球团队的创立人。他曾被《财富》（*Fortune*）杂志称为"工业界大师"，《商业周刊》（*Business Week*）形容他为天才。他发明的 TOC 制约法（Theory of Constraints）为无数大小企业带来营运业绩上的大幅改善，包括国际商业机器（IBM）、通用汽车（GM）、宝洁（Procter & Gamble）、AT&T、飞利浦（Philips）、ABB、波音（Boeing）等。

高德拉特博士被业界尊称为"手刃圣牛的武士"（Slayer of Sacred Cows），勇于挑战企业管理的旧思维，打破"金科玉律"，以崭新的角度看问题。

高德拉特博士所著的第一本书《目标》（*The Goal*）被众多企业视为至宝。《目标》大胆地借用小说的手法，以一家工厂作为背景，说明如何以近乎常识的逻辑推演，解决复杂的管理问题，结果一炮而红。《目标》迄今已被翻译成32种文字，全球热卖突破 700 万册，被英国《经济学人》杂志誉为最成功的一本企管小说。经高德拉特博士多年的努力，TOC 现已涵盖的领域包括：生产、供应链及配销、项目管理、财务及衡量、营销、销售、团队管理、企业战略战术。

他所创立的高德拉特全球团队在各个国家和地区推动"可行愿景"（Viable Vision）项目，将 TOC 在企业界的全面实践提升至新的高度，"可行愿景"的战略战术可以大幅提升企业的盈利及所有部门的协同互动能力。

高德拉特博士创立了非营利机构 TOCFE（TOC for Education），将 TOC 带入教育界，让儿童及青少年学习 TOC，提高思维能力。

高德拉特博士的著作，以出版的先后为序列示如下，从中可见他发明的 TOC 涵盖面的广度。

- 《目标》本书阐述了 TOC 在生产中的运用。故事以工厂为背景，描述 TOC 如何带领一家工厂从危机四伏到逐步化险为夷，进而否极泰来的历程，讲述了许多突破性的管理新思维，引导企业持续改善经营业绩。

- *The Race* 本书以大量图解剖视了《目标》一书所引发的生产管理突破性新概念，著名的"鼓—缓冲—绳子"（Drum-Buffer-Rope）生产管理方法在书中也有详细论述。

- 《大海捞针》（*The Haystack Syndrome*）本书从电脑资讯系统的角度看 TOC 生产，如何找寻及建立真正对企业有用

的资料，即推行 TOC 时所需要的极重要资料。分析 TOC
生产排程、衡量、"成本世界"和"有效产出世界"等，
对著名的 TOC 练习"P&Q"小测验也有深入分析。

- *Theory of Constraints* 本书解释了如何寻找瓶颈和管理瓶
  颈，著名的 TOC 聚焦于五步骤如何令企业持续改善，以
  及 TOC 思维方法的要义。

- 《目标Ⅱ——绝不是靠运气》（*It's Not Luck*）本书是《目标》
  的续篇，讲述了营销、销售、配销及 TOC 思维方法。书
  中三家企业的故事，都是高德拉特博士的亲身经历，运用
  TOC 达致突破性的解决方案。作者强调，企业的成败并不
  归结于运气。

- 《关键链》（*Critical Chain*）本书讲述了如何运用 TOC 解
  决项目管理的三大难题（延误、超支、交货内容不符要求），
  所描述的"关键链"项目管理方式比传统的"关键路线"
  （Critical Path）更有效，是项目管理技术上的一大突破。
  小说描述了一群来自不同行业的管理人员怎样在项目中
  一步步地寻求新出路，趣味性很强，实用性也很强。

- 《仍然不足够》（*Necessary But Not Sufficient*）本书讲述了
  高科技的有效运用，如电子商务、ERP、MRP 等，这些高
  新科技都被认为能解决企业的大难题，但都十分复杂，投
  入了大量金钱和时间，却往往收效甚微。作者指出，高新
  资讯科技对企业来说是需要的，但仍然不足够，还需要有

一些极重要的因素配合，才能令科技真正提高企业的运作效益。本书内容的时代感很强。

- *Production the TOC way* 本书附有光盘，内载 5 个著名的 "TOC 生产" 模拟器 310、312、350、360 和 390，模拟各种形态的工厂如何有效运用 TOC 达致营运上的大突破。这批模拟器都由高德拉特博士设计，书中有详细的使用说明及逻辑分析，这是学习 TOC 生产的最生动的方式。

- 《抉择》(*The Choice*) 本书风格独特，以高德拉特博士跟他的女儿对话的方式，来揭示 TOC 的深层次内涵，包括逻辑思维、双赢、冲突的化解、所有系统固有的简单性、如何以科学家的思维为企业的难题找出解决方案、人与人之间的关系等。作者指出，我们是否有完美人生，纯粹是我们自己的决定、自己的抉择。由于本书内容形式为充满智慧的对话，这使本书的可读性很高，可大大提升及扩展读者在 TOC 轨道上的思维能力。

- 《醒悟》(*Isn't It Obvious?*) 业界认为，这本小说比脍炙人口的《目标》更具启发性及震撼力。本书讲述了 TOC 在供应链上的应用，特别是零售业，也涉及零售和生产的互动，是 TOC 的一大突破。

译者简介

罗嘉颖

香港大学文学院毕业，专攻翻译及管理，除中、英文外，还通晓德文和西班牙文，曾游学英国、德国和美国，深入探讨语言的奥秘。

罗嘉颖是新一代翻译人，她的第一本翻译作品《关键链》曾获翻译界大奖。《仍然不足够》是她的第二本译作，同属高德拉特博士的 TOC 企管小说系列。

审校者简介

罗镇坤

罗镇坤是高德拉特学会总裁，负责在中国大陆、香港、澳门、台湾地区推广本书作者高德拉特博士所发明的 TOC 制约法。

罗镇坤曾在美国、以色列及英国接受严格的 TOC 高阶培训，获得了"钟纳的钟纳"（Jonah's Jonah）称号。他具有二十多年 TOC 实战经验，建立了分布于全国的 TOC 团队，以提供企业界所需的 TOC 顾问服务，帮助客户实施 TOC，显著提升企业的运作及盈利表现。参加过罗镇坤在各地举行的 TOC 公开及内训课程的学员数以千计，通过网上群组，他跟广大 TOC 粉丝紧密联系，向大家提供 TOC 的最新信息。

罗镇坤毕业于美国纽约州立大学，是一位特许工程师（Chartered Engineer），香港工程师学会及英国计算机学会资深会员、欧洲工业工程师学会会员、英国管理服务学会会员、美国电机及电子工程师学会（IEEE）会员、香港管理专业协会会员。

在投身 TOC 之前，他已有二十多年的管理经验，曾在许多大机构中担任高级管理职位，包括香港国际货柜码头、中华煤气、森那美、中华电力。他曾为各专业及工商团体作 TOC 专题演讲。

罗镇坤于 1995 年成立力天香港有限公司，负责在 TOC 发明人高德拉特博士的授权下制作及出版其著作的中文版。他是 TOC 系列图书《目标》《目标 Ⅱ——绝不是靠运气》《关键链》和《仍然不足够》的审校者，《抉择》、《醒悟》和《大海捞针》的译者。

目　录

导　读

先抓住《关键链》背后的玄机

高德拉特机构　区域总裁　罗镇坤

　　本书作者高德拉特博士是以色列物理学家、"制约法"（Theory of Constraints，TOC）的发明者。他的以下作品风行全球，都以 TOC 为经纬，展示 TOC 在各个主要管理领域的应用：《目标》以生产管理为主线；《目标 II——绝不是靠运气》以营销、配销管理及如何破解冲突等问题为主线；《仍然不足够》是关于科技的有效运用；《抉择》是 TOC 最高层次思维的演绎；《醒悟》以零售业为主线，而《关键链》主要谈项目管理。

　　请让我在这里提供《关键链》的一些背景资料，令大家阅读时获益更多。

必须好好掌握的管理技术

　　项目管理（Project Management），是管理学上一个非常重要的课题。项目其实无处不在，下至安排办公室的小维修，策划员工周年聚餐及联欢节目，上至开发及推出新一代计算机产品，建造新国际机场、跨海大桥，筹办奥运会，兴建海上钻油台……无一不是项目。

项目都有一定的特征，它们都有指定的完成日期及开支限制，达致的成果须符合一定的要求，内容不能随便删减，资源的调配也有限制，如可动用的专家、后勤人员和设备等，它们往往是跨部门的，牵涉的层面很多且复杂，包括企业外的，如供应商、转包商等。要有效地统领项目所有环节，一同向项目的目标迈进，难度实在不低，其间要面对的不确定因素，以及跨部门、跨企业的协调，都极费工夫。

在当今的企业中，管理人员都难免要领导或参与一些项目，因此项目管理技巧是必须好好掌握的基本功。

必须寻找突破

管理项目最普遍的工具是"关键路线"（Critical Path），是第二次世界大战后出现的，一直沿用至今，奇怪的是，半个多世纪以来，项目管理这个领域一直没有重大突破，"关键路线"依然是金科玉律。

但我们经常听到：某某大工程严重延误，承建商被告上法庭；某公司的重要高科技产品迟迟未能开发出来，令市场大为失望，股价下跌，公司上下人心惶惶；某计划严重超支，负责人被逼下马；某基建项目因怕赶不上完工期，偷偷将一些工序删除或草草完事，匆忙启用，造成日后伤亡惨重的大灾难……项目出问题，原因很多，但大家质疑，是不是人人奉行的项目管理方法有致命的盲点，令我们吃尽苦头呢？尽管费了九牛二虎之力，依循关键路线办事，仍然波折重重，甚至一败涂地，原因何在？

高德拉特博士的结论是：一定要寻求突破。

TOC 在生产领域为众多企业带来突破性的成绩后，高德拉特博士尝试在项目管理领域中达到同样的突破，挑战"关键路线"，虽然项目管理涉及层面更广，但其实两个领域有颇多共通之处：生产线上有瓶颈，项目也有；生产线上每个环节的运作有波动，项目也有……

经过一番研究和实验，高德拉特博士终于成功地将 TOC 引申至项目管理领域，发明了取代关键路线的"关键链"（Critical Chain），并出此书介绍这个崭新的概念。

有趣的表达方法

《关键链》是以小说形式写成的，故事的主要人物是来自各行各业的管理人员。鉴于现行的项目管理知识不足以应付他们的日常工作所需，这群人不约而同地参加了一个在职企管硕士课程，希望得到答案。在导师的带领下，他们一步一步地分析项目管理问题的源头，然后一起寻找解决方案。读者可以看到，关键链这个突破是怎么一步一步地孵化出来的，过程有点像《目标》

的主角罗哥绞尽脑汁寻找方案挽救他的工厂，同样有趣，同样充满悬疑性，同样是苏格拉底式（Socratic Approach）地探索问题，引人入胜。

故事以在职企管硕士班中所发生的事作为背景，读者可能以为这本书比较偏重学术性，其实不然，因为班上所有学生都是在职的经理，各自带了最棘手的项目难题而来，要求一一解答，所以故事内容极能针对企业所面对的实战问题。另外，高德拉特博士也在书中对如大学一般守旧的教学和选拔人才方法进行批判，并提出挑战性的新理念。

搞生产而又看过《目标》的朋友，读《关键链》一定会有不少惊喜，因为书中详细地分析生产线上的问题，然后将结论引申到项目中，你们会发觉两者其实浑然一体，这本书反过来令你们对生产问题的了解跨进了一大步。

关键链的应用

这本书面世以来，很多国家已经广泛运用关键链管理项目，成绩斐然。在欧美很多大企业中，身经百战的项目经理都要放下手中的工作，成批成批地上关键链和 TOC 的课，决心铲除大脑中的项目管理旧概念，从头学起。

最热门和最多人谈论的，是怎么利用关键链来策划新产品开发项目。这也难怪，市场竞争日趋激烈，分秒必争，开发项目能否如期完成，是成败关键，不论新产品是计算机软件，还是小轿车，要面对的压力都是一样的。

高德拉特博士是以色列人，推行 TOC 式项目管理最彻底的，要算以色列。以色列的国防工业在国际上有一定的地位，国防工业的机构和企业掌握关键链相当深入和全面；以色列政府甚至有明文规定，想接国防研发合约或订单，企业必须受过关键链的正式训练，否则没有资格竞逐，因为当局清楚地知道，不运用关键链，项目出乱子的机会是很大的。这项规定其实和另一个普遍现象很相似：很多先进机构都规定，只能购买通过 ISO 9000 质量认证的供应商的商品，否则品质没有保障，两者实在异曲同工，而以色列则开创了先河，比各国先走了一大步。

英特尔（Intel）在爱尔兰兴建一家昂贵的工厂，项目未到一半，工程进度和所余拨款就已出现危机，运用 TOC 式项目管理后，项目如期完成，而且没有超支。

福特汽车电子部在多个国家广泛运用 TOC 管理项目。在匈牙利，他们兴建了一条生产线，总指挥形容该厂的投产是电子部有史以来最顺利的，但在葡萄牙的姊妹厂不同意，说："最顺利的应数葡萄牙，我们运用 TOC 更老到。"

以色列飞机工业有限公司运用 TOC 后，能将飞机维修施工期由三个月缩减至两星期。

Harris Corporation 在美国宾夕法尼亚州兴建一家晶圆厂时，业界估计他们需要 28～36 个月才能建成，而根据关键链原则制订出来的计划却只需 18 个月，结果在一群精通 TOC 的项目组人员的奋战下，实际上只用了 13 个月。

值得注意的是，TOC 达到的改善一般都相当显著，绝不是改善 3%～5% 的幅度。

不断探索、实践和学习

TOC 系列作品的读者主要是企业管理人员，一般都很忙，为了方便他们抓紧时间阅读，我特别在书的末端加上一张表，列出书中人物的身份和关系，因此就算没有时间一口气读完，每次翻开小说，在这张表的协助下，仍然可以很快地重新投入小说的情节中。这项功能是否真的带来好处，希望读者告诉我。

要想牢牢掌握及运用好 TOC，就要不断探索、不断学习。高德拉特博士创立的全球性"高德拉特机构"提供各种 TOC 服务及学习渠道，也开展 TOC 实施项目，帮助企业全面推行 TOC。

作为高德拉特机构区域总裁，我深感任重而道远，希望借着《关键链》、TOC 系列书籍和活动，结合对 TOC 有兴趣的企业和人士，形成一个网络，共同探索、学习和实践 TOC（请参阅书后的读者调查表）。在 TOC 的道路上，我们起步虽然比欧美国家晚，但已渐渐积累了一些实践经验，TOC 也为越来越多的人认识和了解。我拟将自己应用 TOC 的经验整理成书，与大家共同分享。我深信，只要各方共同努力，TOC 一定可以为更多的企业带来骄人的成绩。

1

智囊团成军

Critical Chain

"董事会会议现在休会。"赞厘模顿公司主席兼行政总裁普曼宣布。各董事一边缓缓走出会议室,一边轻声交谈。上一季的业绩是公司有史以来最好的,董事们都满意,但说不上特别兴奋,大家已经习以为常了,过去 6 年,差不多每季都比上一季好。

"我要和你谈一谈。"普曼一边对李维说,一边微笑着继续和董事们握手,其他人都离去后,他们坐了下来。

"你看过麦亚伦顾问公司的报告书了吗?"普曼问。

李维是工程部主管,曾坚持聘请顾问深入分析公司的产品开发业务,从决定新产品的功能、产品的开发,直到生产和营销。

事实上,公司没有故步自封,不断引进新科技、新器材甚至新的管理方法,这已经是司空见惯了,否则就无法成为当今行业的翘楚。虽然如此,李维仍然坚持引入外来专家。他说:"当局者迷,某些现象可能只有外来人才能察觉得到。"普曼全力支持他,事实上也没有人出来反对过他的提议。

这样做所花工夫实在不少,费用也非常庞大,一个星期前,一本厚达 400 页的顾问报告书终于出来了。

"我认为他们的确做得很好,指出了很多我们忽视了的地方,这些钱花得很值得。"李维说。

"我同意,这份报告书有很多好的建议,但我更关心的是其中没有提及的问题。李维,如果我们全盘实施他们的建议,你认为产品开发时间可以缩短多少?"

"很难说,大概 5%吧,甚至可能还不到。"

"我也是这样想,如今我们总算深入考虑过所有常规方法了,但正如我们所料,作用不大。"

普曼站起来。"剩下来的只有一件事可以做,李维,发动你的智囊团。"

"难度很高啊。"李维也站了起来。

他们一起走出会议室,普曼继续说:"难度真的很高,无奈我们正如履薄冰，一定要寻求突破，一定要。"

李维望着坐在他桌子前面的 3 位年轻的经理，心里不是滋味，他们实在太年轻了，经验不足，实在难当此重任，但那是普曼的主意。

普曼曾对他说："李维，高级的经验老手太受现行的一套束缚了，如果有人能想出突破性的点子大大改善我们的业务，那必定是年轻人，只有他们，仍然充满叛逆性，仍然敢于挑战规章制度。你还记得，我们开始闯天下的时候，是多么年轻和缺乏经验吗？我们打破了所有常规，看看我们今天的成就！"

他们也曾"成功"地把创立的第一家公司搞得一塌糊涂，但李维觉得没有必要在这个时候提醒他这段经历了。

"你们都互相认识吗？"他问 3 位，"何不自我介绍一下？马可，由你开始。"

"我是马可，来自工程部。"

马可今年 32 岁，是个大胖子，声如洪钟，加盟公司已经 8 年了，最近晋升为 A226 型号的项目经理（project manager），他不是普曼所要求的叛逆型的人，而且李维也担心这个任命会影响 A226 的开发，但他们需要一个好的组长。

"马可将是你们的组长。"李维补充说，"我们认为他开明，愿意接受建设性的批评，也有学识及智慧处理不切实际的批评。他为人随和，能确保大家和气地工作。如果他并不是这样，你们就要让我知道。"

他们有点儿紧张，笑不出来，这是他们第一次被邀请到工程部主管的办公室来。李维以手势示意当中那位女士发言。

她沿用马可的方式，说："我是露芙，来自营销部。"

"你的工作呢？"李维鼓励她说得详细点。

"产品经理，负责策划 A106 的推广。"

A106 是时下最成功的产品，其他两人早已听闻。

李维解释说："露芙入选，是因为她正直和诚实，你们将深切体会到她对问题穷追不舍的性格。"

李维的目光转向小组最后一位成员，他做出回应："我是佛烈，豆子点算员。"

"还不算豆子点算员。"李维大笑，"佛烈擅长财务审计，是我们最尊重的项目审计员（project auditor）。你们大概都有点儿诧异，为什么今天会找你们来？"

马可和露芙点头，佛烈继续摆出一张扑克脸。

"从现在开始，你们就是一个智囊团，任务是寻找一个方案，解决一个危害公司长远发展的难题。"他顿了顿，用严肃的目光扫视每个人。

"让我先解释到底是什么难题。"

他站起来，用笔在白板上画了一条曲线（见图1）。

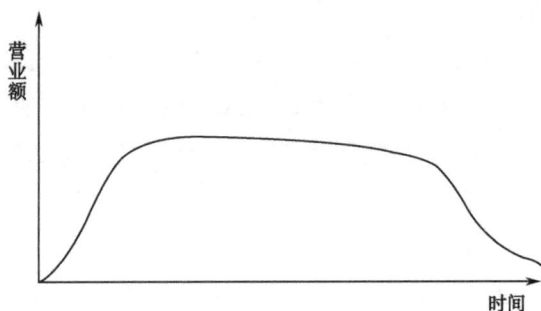

图 1

"你们认得这条曲线吧？"他问，"你们可以在任何教科书中找到，这条曲线描述了产品的生命周期。开始时，产品刚推出市场，销量上升，然后产品渐趋成熟、销量平稳，继而渐渐下跌，最后消失，这个过程符合你们对公司产品的理解吗？"

他们大概认为这是一个纯修辞性的问题，直至他追问："怎么样？"

"我们的情形更像一个三角形。"马可主动回答，"新数据机的市场推广还未完成，我们已经主动把它报废，我们推出更新的产品，把它打下来。"

"这不合情理吗？"李维问。

"我没有这样说。"马可急忙澄清。

露芙帮他一把，说："就算我们不推出更新的数据机，竞争对手也一定会推出，目前的数据机迟早会被打败，唯一的区别是我们在市场占有率方面会受到损失。"

"对，市场的竞争压力迫使我们每 6 个月就要推出一款新的数据机。"马可说。

他们都点头。

李维说："现在让我解释一下一些你们不大熟悉的情况。根据华尔街昨天的报价，我们公司的股票是 62.48 美元一股，这样高的股价并不是基于公司资产或利润，而是基于投资者对公司将来发展和盈利的憧憬，以我们过去骄人的成绩，这憧憬是合理的，但是，你们了解这憧憬的基础是多么的脆弱吗？"

无人尝试答话，李维继续说："只要你失败一次，推出一个劣质产品，或者推出时间比对手迟了 3 个月，会有什么后果？露芙。"

"那就是大灾难，市场占有率会大跌。"露芙答。

"客户对我们一贯的拥戴会怎样呢？通通泡汤了。"李维叹息，然后以更严肃的语气说，"如果我们失败一次，股价会急跌，股东会损失惨重。如果连续失败两次，我们赖以维生的公司可能就不再存在了。"

他停了停，3 个年轻的经理面面相觑。

"一方面，我们的产品只有十分短的寿命，大概是 6 个月，而且有迹象显示还会越来越短；另一方面，虽然我们已经竭尽所能，新产品仍然平均需要两年才能开发出来。你们看到问题所在了吗？"他再度停下来。

过了一会儿，他道出各人心中的答案："开发需时两年，而我们却又必须每 6 个月推出一批开发成果，这只可能导致一个结论：问题不是我们'会不会失败'，而是'什么时候失败'。你们要谨记，我们一次也输不起。"

他们静静地坐着，慢慢咀嚼刚才的一番话，最后，李维说："你们的任务是找出可行的方法，大幅度削减我们的开发时间。多年以来，我们一直在寻找答案，但一无所获，现在你们是公司最后的希望，你们必须找出答案。"

"但是，怎样找呀？"马可红着脸问。

李维答："这就是问题所在，我不知道怎样找！你们要教我。"

"我们会得到什么支援？"马可焦急地问。

"你会继续负责 A226 项目，并以它作为试点，你可自由选择任何人作为副手；露芙、佛烈，你们已免除其他职务。如果你们需要参观任何机构，出席任何学术会议，甚至报读在职工商管理硕士课程，尽管提出吧，没有任何财务限制的。"

"我们向谁负责？"

"直接向我负责，你们要定期呈交进展报告。"

"我们有多少时间？"

"A226 预定在 16 个月内完成，我希望能依时做到，最好能够提前。噢，还有一点，如果你们能完成任务，就有大量股份等着你们。"

"怎样的'大量'？"佛烈忍不住问。

"每人 1 万股。"李维答，"祝你们好运。"

3 人离开李维的办公室时，马可说："他祝我们好运是恰当的，我猜我们胜出的概率跟中彩票差不多。"

"奖金也和彩票差不多。"露芙提出她的看法，"1 万股是个大数目，我们个个将成为大富翁了。"

"去做你的白日梦吧。"

2

需求最殷的领域

Critical Chain

我（李查德）拿起便条再读一遍，这是第100遍了。

李查德：

　　　你已被委派教授在职工商管理硕士课程。
我们要先一起决定你负责的课程内容。星期一
下午两点有空吗？

韦逊

只是短短的3句话，但背后的含义……那含义……

我在一所商学院任教，再不是低层的小卒了。一年前，我由最低微的助理教授晋升为较受尊敬的副教授，老实说，我发表的论文那么少，能晋升实在是奇迹。另外，考虑到我的教学方法一向被公认为与众不同，这又不算什么奇迹了，要将每堂课变得有趣，实在不容易，但只要付出总会有回报的，我的课程总是最快满额的。

现在，白纸黑字，这简明的3句话，又是一个证明。这次我把便条大声读出来："你已被委派教授在职工商管理硕士课程。"

这句话简直是一首动听的交响曲，被委派教授在职工商管理硕士课程是明确的信号，显示我明年会被提名转入永久职系。永久职系是安乐窝、铁饭碗，无论我做什么甚至什么都不做，都不会被踢走，这表示我已被接纳为这个圈中的一员，职位有保障了。

职位保障正是我需要的，也是我太太所需要的。正如所有在大学混饭吃的人一样，我要经过"试验期"，这和罪犯假释出狱的"观察期"差不多，区别只是教授的"试验期"长多了，用5年来证明我是好教师，用5年来向学系证明我是团队的好成员。

"星期一下午两点有空吗？"

韦逊，老友，我当然有空。

现在距离两点还有很长的时间，我决定到外面走走。外面很冷，地上覆盖着一层厚厚的雪，但晴空一片，万里无云。差不多一点了。

还记得我第一次尝试转入永久职系时，就碰壁了，5年的苦心经营付诸流水。那是一所很好的大学，比现在这所更大、更具威望，

我凭一股劲，就不同事物表达意见。然而，批评教科书不完善或指出要学生死记硬背不是正确的教学方法是一回事，批评同僚的著作，尤其是大人物的，又是另一回事。

人们说聪明人会从自己的错误中吸取教训，有大智的人却能从其他人的错误中得到启示。嗯，我不是有大智的人，从来不是，但我不蠢，碰了 5～10 次钉子，我总可以学到一点儿的。那一次事件的经过是痛苦的，但不要紧，要紧的是这一次情况大不相同了，这次我一定会成功，大大地成功。

路上只有我一个人无所事事地漫步，虽然雪地湿滑，人们仍然飞跑而过。风很大，但我不觉得冷。

人生真美妙，我已经是副教授了，永久职系也是囊中物，下一步就是拿取讲座教授职衔，继而是系主任，那就是最高峰了。当上系主任，就有更多时间做研究工作，成为风云人物，年薪逾 10 万美元了。

这薪酬实在非我所能想象，即使只给我一半，我已经心满意足了。当了那么多年博士生，以每年 12 000 美元的津贴度日，继而熬过更多年清苦的助理教授生涯，唉，中学教师也比我富有得多。

我擦擦冻伤了的鼻子。如果我继续懒于发表论文，将永远不可能晋升为讲座教授。想转入永久职系，只要你是一个称职的教师和老好人就可以了，当讲座教授却完全是另外一回事，"要么发表论文，要么灭亡"，这就是游戏规则。

我痛恨这游戏，可能因为我总是缺乏写论文的灵感，我不明白其他人是怎么搞的，他们总是有办法搜罗一些鸡毛蒜皮的东西，再拼凑上一些什么数学模型，一篇论文就出炉了。我要做更踏实、和现实世界更相关的事，解决真正的问题。我开始觉得冷了，还是马上回去吧。

我很好奇，到底韦逊要我教哪门课程呢？他在便条中说我们将一起决定，但不管是哪门学科，我都要花大量时间准备了。你不能把在职工商管理硕士课程和一般工商管理硕士课程相提并论，学士课程就更不用说了。在职工商管理硕士生都不是全日制学生，而是每两个星期六上课一次的全职管理人员。

我的步子越来越大，不单因为心情紧张，而且因为我快要冻僵了。对我来说，训练管理人员是新尝试、新体验。他们不会因为我引经据典便完全接受我讲的一切，他们会迫使我面对他们日常工作上的难题。这是一件好事，会给我多一点灵感做研究和写论文。

单凭灵感是不足够的，我不可能两手空空便进行研究，起码不是我愿意进行的那一类，但如果我手法高明，这些学生是有可能成为我走入企业界的桥梁的。

我抵达办公大楼，一杯热巧克力就能给我解冻。我在饮品机旁停了停，已经是一点五十分了，还是加快脚步吧。

韦逊问我要不要咖啡。"好的，谢谢。"我说，然后依着他的手势，慢慢地坐在那吱吱发声的、极不舒服的椅子上。

"两杯。"他告诉玛丽安——那位个子高大的秘书，然后坐在沙发上。

学术界十分重视身份象征，韦逊有一间和他身份相符的办公室，宽敞且独处一隅。我应该修正用词，不知道是不是整个学术界都重视身份象征，但对我们商学院院长皮治来说，肯定是，他要所有人都清楚地知道哪一所学院才是最重要的，但他有他的道理，商学院已扩大至拥有超过 6 000 名学生，差不多是全校学生人数的一半。讲座教授韦逊负责商学院最具威望的课程——在职工商管理硕士课程，难怪他有这样的办公室，我只希望他的家具品位会高一点儿，但深想一层，韦逊从来对这类世俗的东西都是毫无知觉的，家具可能是玛丽安挑选的，对，这说得通！

"谢谢你给我这个机会。"我诚恳地说，"我不会令你失望的。"

"希望如此。"他微笑，然后严肃地说，"李查德，这正是我想和你商量的其中一件事。"

我把身子向前倾，知道话题极为重要。

"李查德，你也知道，这里有很多比你级别高的人渴望教这门课程，但你知道为什么我坚持任用你吗？"

我不知道，只知道在我成为他的博士生之前，他就一直很喜欢我，我永远不会忘记我在前一所大学闯了祸，希望得到一个翻身的机会时，是他安排我到这里来的。

"我选了你，是因为你独特的教学方式。"他令我十分惊奇。

"你是指寓教学于公开讨论？"我语带惊诧。

"对。"他坚定地说，"我越来越相信这是教授这门课程唯一恰当的方法，学生已经有了相关的工作经验，公开辩论，引导他们自行开发新知识，才是我们应采用的教学方法，而在我旗下没有多少人愿意和有能力这样做。"

现在我终于明白了，但也感到压力，我开始抗议："韦逊，在普通学生身上用这种教学方法是一回事，但用在一批真正的管理人员身上，我可没有把握。"

"为什么？有什么区别呢？"

"我怕我不能有效地引导他们，我的理论底子可能不足以匹配他们丰富的实际经验。"我坦率地回答。

"不要这样想。"韦逊非常坚决地说。

"但……"

"听着，李查德，对待这批学生，最重要的是不要在你不懂时装懂，他们付出的学费比一般学生贵得多，也有办法敲院长甚至校长的门，他们不会容忍'垃圾'的。"

我开始怀疑自己能否胜任，这任命可能令我一败涂地。

我的心情必定已在脸上表露无遗，因为韦逊开始鼓励我说："我们相识多少年了，我相信你能够开明地对待学生，而你也一次又一次地证明你懂得的比你想象得多，大胆地用你平常的风格去授课吧，肯定行得通。"

在没有其他选择的情况下，我唯有答应："我一定全力以赴。"

"好。"韦逊很高兴，"那么我们现在就决定你教授哪门学科。"他一边走向门口，一边不经意地问："你想过吗？"

"玛丽安，我们的咖啡在哪儿？"

他走进她的房间，一会儿，端着一个托盘出来了。

"韦逊，你还记得我开始写博士论文时，你给我的忠告吗？"

"我给你的忠告那么多。"他咧嘴大笑，把咖啡递给我，"你指的是哪一个？"

我提醒他："野心不要太大，不要做怎么改变世界的白日梦，踏实地研究一门学科。"

"对，我的确这样说过，一个很好的忠告，尤其对博士生来说。"

我尝了一口咖啡。"什么才是做白日梦的时候呢？"我问。

他审视了我一会儿。"当'中年危机'冲击你时！"他下断语，"但这和你即将教授的学科有什么关系呢？"

我用问题回答他："我教授的学科会决定我搞什么研究吗？"

他想了一会儿，说："可能会。"见我默不作声，他笑了笑说："那么，你是希望有所作为，要研究成果成为整个行业的标志？"

我点点头。

他凝视了我好一会儿，说："要把你脑袋里的东西冲刷出来，唯一的方法是让你一试，那么你打算在什么领域大显身手呢？李查德博士。"

我不理会他的讽刺。"我不知道。"我说，"大概是一个当今知识仍然相当贫乏的领域。"

"每个领域都是这样的呀。"他冷冷地说。

我努力寻找适当的形容词："在我所指的领域中，现有的知识仍不能提供令人满意的答案。"

"什么是满意的答案，实在是见仁见智。"韦逊细想，"那就试试说出你不想要什么，这样可能有帮助。"

"我不想追随时尚。"我坚决地说,"也不想钻进一个已经有太多研究正在进行的领域。"

"有道理,说下去。"

"我想要的,是一个需求极大但长期以来没有实质进展的领域。"我说。

"好。"他说,等待着我说出我想任教的科目,但问题是,我根本不知道,真是尴尬极了。

韦逊慢慢地说:"项目管理(project management)正吻合你的描述,真是天衣无缝,如果你找的是一个需求极大的领域,项目管理就是首选,根据我的观察,40 年来,没有人提出过任何新的见解。"

"但是,韦逊,你是教这门课程的啊。"

"对,对。"他一边望着天花板一边说,"我还利用这门课程,开始了一些有趣的研究,相当有趣的研究。"

"我能帮助你完成它,你知道我最擅长挖掘资料,而写作技巧也是一流的。"我说。

"对。"他依然向上望。

"韦逊,就让我教授这门学科一年吧,一年为限,我会尽力帮助你完成研究,我愿意做所有最花力气的工作。"

他把视线转移到桌子上,然后继续自言自语:"我想专注于我的生产系统课程,最近这个领域有很多新发展,会为撰写新教科书提供很好的材料。"他直视着我说:"那么,教授项目管理课程及相关的研究,怎样?"

3

不向名气低头

Critical Chain

　　她，身形高挑，1.8 米的个子，十分苗条，而且衣着高贵，简直太高贵了，她对此向来讲究，相貌算不上秀丽，但引人注目。她给人的第一印象轻柔如昂贵的真丝，可能因为她从来不高声讲话，也可能由于她轻柔的南方口音。但这都只是第一印象而已，不会维持很久的，她骨子里钢铁般的个性才是她最真实的一面。

　　她分析力强，充满野心，精于操纵他人。她介绍自己为 B. J. 云柏妍，在笺头上也是这样称呼自己，没有人知道 B. J. 代表什么，也没有人敢查究。她的笺头印上"大学校长"4 个字，一个戴着皇冠、无人敢挑战的女皇，还未有皇夫，起码现在没有。

　　正值夏天，酷热的天气快要把首都华盛顿融化，日落后还是闷热难耐，但在这间为大学校长举行晚宴的餐厅，情况就截然不同了。

　　云柏妍坐在高斯密和法兰伦之间，耍点儿手段令他们坐在自己两旁，对她来说并不太困难，他们两人都是精明而极富经验的熟人，但最重要的是，他俩的大学都有商学院。

　　"你的商学院招生情况怎样？"云柏妍问，似乎在寻找话题。

　　"还可以做得更好。"法兰伦随便地说。

　　在云柏妍探索这个含糊的答案前，高斯密已为她代劳："你的意思是，你和我们一样，也已经开始察觉到好景气快要结束了？"

　　这就是云柏妍最欣赏高斯密的地方：他能一针见血且不得罪别人；而法兰伦最令她欣赏的就是他从不回避问题。

　　"现在下定论未免太早了。"他回答说，"但也许你说得对。我们今年不用发那么多'对不起，额已满'的信件。"

　　高斯密点点头："似乎任何能写自己名字的申请人，我们都要录取了，这还得靠运气。云柏妍，你的大学怎样？"

　　从高斯密的语气中可以听出，他跟她一样担心。

　　"恐怕和你们一样吧。"

　　她低头继续吃她的恺撒沙拉。这样说来，问题并不单单在她的商学院发生，她内心似乎觉得好过一点，但无论如何，前景实在令人担忧。

法兰伦说出他们的心里话:"过去 10 年是我们的黄金时代,企业界对工商管理硕士毕业生需求增加,而年轻人渴望成为工商管理硕士的人数也相应增加,我们没有足够名额去满足需求,难怪申请者到处排长龙。"他停下来啜一口红酒。他们静静地等待高斯密继续发言。

终于,高斯密开口说:"那么,我们现在所目睹的现象是大学成功增加了名额而造成的吗?"

"有可能。"法兰伦盯着自己的酒杯,"但事情并非如此简单。你知道我们办事的规律,要么不足,要么过了头。我担心,申请人数急剧萎缩,显示我们已经过了头。"

"以全国的商学院仍然继续扩充的势头来判断,招生不足,只是迟早而已。"高斯密赞成他的说法。

来这里跑一趟,的确是好主意,云柏妍感到欣慰。她也对她所选择的两位晚餐伙伴格外满意。"那么,申请人数少,是因为增加的名额比有志成为经理的人多,对吗?"她用轻柔的声音问。

"可能是这样吧。"法兰伦在服务生奉上肉排前回答她。

"那么我们一定要减慢商学院急促扩招的步伐,起码直至我们找到方法,鼓励更多年轻人选择管理作为职业为止。"高斯密脸上挂着深思的表情。

法兰伦等那位过分殷勤的服务生离开后,评论说:"但情况可能会更差。"

"这话怎么说呀?"同桌的史唐利问。

很明显,这番对话已引起了在座其他校长的兴趣。

法兰伦说:"我们没有足够的申请者,可能是因为名额已经供过于求,而且有人即使考取了工商管理硕士,也不能保证找到待遇优厚的工作。"

高斯密思索着,一边说:"如果情况确实如此,那么就不是减慢商学院扩招速度那么简单了，而是怎样逐步收缩，这确实是个难题。"

云柏妍一边吃肉排，一边思考高斯密的话，他正说出了她的想法，但当听到别人说出她的心里话时，她反而犹豫起来，情形不是这么差吧……

高斯密打破静默："再仔细一想，我们可以推动需求，只要通过一条法规，规定所有上市公司的经理都必须是工商管理硕士，并给他们法定地位，正如医生、会计师和律师一样。"

"太激进了。"史唐利反对，"我们也不应该去想以法规解决问题，这违反了资本主义的精神，而且不切实际，我们根本没有办法执行，况且，我不认为你们的忧虑是有根据的，今年我们的商学院申请报读人数仍有增长，还超越了往年的纪录。"

"我和一些在哈佛大学和麻省理工学院任教的朋友谈过，他们也看不见任何恶化的迹象。"法兰伦插嘴。

"他们当然不会有问题，永远不会。"高斯密回应，语气隐隐带着醋意。他拨动碟中的肉排，把它推到一旁，"他们任何一系的申请者名单比我的手臂还要长很多很多，我听说他们甚至可以在每 5 位申请者中只选其一，以他们收取的学费来看，这可真是个奇怪的现象。"

"为什么？"柏斯顿问。此刻，个别的谈话已经静了下来，每个人都在等待高斯密的回应，他却慢条斯理，他很喜欢成为众人瞩目的焦点，他先喝点儿红酒，然后用白餐巾抹抹嘴。

"你们想知道原因吗？我可以告诉你们，去看看他们商学院的教学大纲，他们所教授的东西差不多和我们完全一样，可能他们的教授都是较佳的研究员，但我怀疑他们是否有较出色的教师。他们和我们之间唯一的区别就是，从一所顶级学府毕业出来，就好像有了许可证去放火打劫。区别不在于教学内容，只在于名气罢了。"

"这就够了。"史唐利直爽地说，"除此之外，还有一个重要的分别——他们有资质较高的学生，全国最好的学生都往那儿钻，正如你所说，他们可以细选精英中的精英。"

"再一次印证，是名气作怪，不关乎教学的实质。"高斯密不辩驳，他只是发发牢骚罢了。

云柏妍心里想：商学院正面临危机，史唐利说对了，危机正逼人而来，只有那些出名的大学不受影响，其他的都不能幸免。

"怎样才能建立这样的名气？"柏斯顿问。

"非常简单。"高斯密讽刺地回答，"你只需在 200 年前建校，并细心探寻你的毕业生的出路。"他环顾四周，看谁敢挑战他，史唐利敢。

"这不是唯一的方法，我们都知道很多全国知名的学府，成功招徕一批杰出的科学家，他们的研究突破令学府街知巷闻。"史唐利说。

法兰伦摇头，表示异议。云柏妍清楚地明白，像她或法兰伦领导的那样小的大学，根本不可能吸引到这类人，他们有办法钻到自己心目中的学府去，无论如何，她根本负担不起他们要求的报酬。

或许她可以栽培商学院里现有的人才，想办法支持和鼓励他们。但怎样实行才好呢？在她的商学院中，有没有未被发掘的人才呢？

4

U-2型高空侦察机的启示

Critical

Chain

我（李查德）扫视整个教室，学生人数比我预期的多，差不多30人，这不要紧，我曾经教过人数比这多 4 倍的班，而且我是有备而来的。我整个夏天都痛下苦功，把所有可以拿到手的资料都读完了，并请教过十来个有丰富项目经验的人，他们肯定远比我眼前这班年轻的经理老练。我一定能应付他们提出的任何挑战，起码我可以招架得住。

他们都已就座。教室里一片寂静，我应该开始了。

正如一般情况一样，第一排差不多是空的，最后一个静下来的人坐在后排，好，他身材高大，年纪和我差不多，应该受得起一点儿捉弄的。"你叫什么名字？"我指着他问。

我没有选错人，他并没有假装以为我在指向其他人。"马可。"他声如洪钟。

"你为什么选这门课程？"我不客气地问，我肯定每个人现在都全神贯注，他们还未习惯我的教学风格，以为教授只顾演讲，不会拷问学生的，他们一半人望着我，另一半人望着马可，有些人还在微笑。

"我是项目经理。"他回答。

他见我不回应他的话，就继续说："我在一家生产数据机的公司任职，负责一个产品开发组。"

我继续盯着他，但他再没有说什么，最后我说："你还没有回答我的问题。"整个教室的气氛顿然有点儿不自在。

我看看四周，没有人敢正视我，没有人想做下个受害者，我回头望马可。"你管理项目时，有没有遇上什么问题？"

"其实没有。"他回答。

"那么，你为什么选这门项目管理课程呢？"

他尴尬地笑笑。"我想还是有点儿问题吧。"他承认。

"你可以详细说明一下吗？"

"嗯，正在进行中的项目最初并不是由我领导的，上一任经理为项目做了一些很离谱的承诺，我担心无法兑现。"

"例如呢？"我追问道。

"例如，新数据机的性能表现和完成期限。"

有些学生在微笑，似乎有共鸣。

我直望着他，说："而你希望这门课程会助你创造奇迹，是吗？"

"希望是吧。"他不由自主地承认了。

"那么，你为什么要选这门课程呢？"我重复我的问题。

他说："你瞧，我是项目经理，正在读工商管理硕士课程，而你现在教的是项目管理，对不对？"

"呀！那么你选这门课程，就是因为它的名称和你的职衔相似？"

他没有回答，他还能说些什么呢？是放过他的时候了。

"有谁可以告诉我为什么要选这门课程？"我问全班。

没有人回答，我大概已经吓怕了他们。

我告诉他们："当我还是学生的时候，选课要先看看哪位教授布置的作业是以少出名的就选哪科，但是，恐怕我不是这类教授。"

这的确有点儿帮助，但不多。

我继续说："听好，你们来这里是要取得一个学位—— 一张能够助你在企业里往上爬的文凭，但我希望你们的目标不单单是这个，而是为了学会一些真正能帮助你们完成工作的技巧。"

所有人都点点头。

"你们有两个选择，一是我站在讲台上，讲足整个学期，我可以以什么优化（optimization）技术来吓唬你们，你们要明了相关的运算公式已不容易，要运用就更困难了，我敢保证，对你们一点帮助也没有。或者，我们可以群策群力，凭你们的经验和从书籍或文献中发掘出来的资料，一起摸索出一个更有效的管理项目方法。你们选择哪个？"我问。

没有选择的余地，对吗？

在教室的后排，马可举手问："那么，我可以在这门课程里得到些什么？"

好家伙，问得妙。"马可，你刚才说项目遇上大难题，我认为课程能令你更有效地处理那些大难题。"

"听起来不错。"他说。

我对全班说："假设我现在已经充分掌握书本和文献中所有有关的知识，下一步，就是要了解你们管理项目的经验水平。除了马可，还有谁的工作与项目扯上很大关系呢？"

一个坐在第三排、消瘦的红发青年举手说："我叫泰德，在一家建筑公司任职，我们做的任何工作都和项目有关。"

"你在那里工作多久了？"我问。

"6年。"

"好。"我说，"还有其他人吗？"

出乎我意料，没有人举手。最后，我被一位金发女士搭救了，她独自一个人坐在前排，她迟疑地问："'项目'究竟是什么，你可以下个定义吗？"

我很快地搜索脑海中4本教科书对"项目"的定义，但似乎都太浮夸了，怎么可以扯上这类定义呢？例如："一组旨在达到某一特定目的的活动，它们有明确的开始和终结"。如果我想将课程搞得实际一点，并与他们的工作相联系，最好别引用这些过分简单或复杂的定义，与其绞尽脑汁去定义它，倒不如描述它，最后我说："在你的工作中，有没有遇到一些复杂的计划，需要用图表才能表达各人的任务？"

"我不明白。"她回答。

"一些方块图，显示出达到目标必须经过的各个步骤，以及什么步骤必须严格遵循顺序，什么可以并行。或者一些图表，显示出每个步骤应该开始和完成的时间。在你的工作中，如果需要用这类图表，那么你遇上了一个项目。"我说。

"我明白了。"她说。

"你的工作牵涉项目吗？"我问她。

"根据你的定义，是牵涉的。"她回答说，"我是产品经理，我们在推出新产品之前都要花很多时间去制作这些图表。"

"你叫什么名字？"

"露芙。"

她的例子可能对其他人很有帮助，因为他们很快便发觉几乎所有人都牵涉在某类项目之中，有些更在百分之百项目环境下工作，如设计工程的马可、建筑业的红发青年泰德和身穿夏威夷衬衫搞软件程序的查理。

其他人不是和项目打交道，就是统领项目，如搞营销的露芙、经常审计项目的会计师佛烈、正参与工厂扩展计划的白赖仁。最妙的是他们涉及五花八门的项目运作环境，但这对我来说也是危险的，如果我不能针对各项目的共同点进行有效的引导，我将一败涂地，成为众矢之的。

这就是我暂时避而不谈个别项目的原因。我问："你们对英法海峡隧道有什么认识？"

泰德，那红发学生，抢先发表意见："是不是那条连接英国和法国的火车隧道？"我确定后，他继续说："我听说他们的成本大大超出预算。"

"数以十亿计。"会计师佛烈补充说。

"它变成一个非常严重的问题。"泰德滔滔不绝，"有一个时期他们甚至考虑删除一些原来雄心勃勃的设计。"

为了鼓励更多人加入讨论，我问全班："还有呢？"

坐在前排的露芙回应："我在电视上看到那隧道的大型开幕典礼，英国女皇为它剪彩。开幕典礼已经迟了几个月，仍未能通车。"

"这是一个逾时兼超支的项目的典型例子。"我总结道。

我举出另一个著名的例子：北海钻油平台。这些钻油平台实际上是一座庞大的工厂，竖立在 300 米深的海床上，而北海是全世界最凶险的水域之一，他们要从每个钻油平台钻出多口油井，以不超过 57 度角深入地壳 3 000 米到达藏油层，然后把油和沙分离，把油通过油管泵抽到岸上去，难怪每个这类庞然大物要投资近 40 亿美元。大家可能以为建成几个这样的钻油平台后，一切一定会有条理和顺利得多了，但事实并非如此，有报道说他们在周详策划一个项目之后，将一切预算加大 4 倍，然后就是祈祷，求上天保佑项目不出乱子。

我告诉全班："祈祷肯定不够，20 世纪 90 年代初，挪威石油公司的主帅就是因为一个项目严重超支而被迫辞职。"

"听见了吧？马可。"我开玩笑地说，"你不是唯一担心项目不能如期完成的人，起码你不用担心支出会超出预算。"

"会的。"他高声喊出来，然后解释说，"项目的前任经理信口开河，到处乱作承诺，他现在是我的上司，他还死要面子，强逼我增加人手和选用昂贵的承包商，我们一定会超支，问题只在于多少。"

"另一个问题是，谁将为此而挨骂？"我问。

"恐怕不是他，我很清楚他的为人，我肯定会成为替罪羊。"

"那你应该怎么办？"软件公司经理查理真的替他担心了。

"没有什么可以做的。"马可不理会他的提问，"在工程部，所有项目都超支和超时，我们只有一招，就是在危急关头，把项目的规模和设计内容缩减。"

为了强调这点的重要性，我问："你经常这样做吗？"

"比我们愿意承认的次数多。"他回答。

"有其他人遇到过一个项目因为超支和超时而需要牺牲其中的设计内容吗？"

白赖仁评论说："我不知道可否称这种情况为牺牲项目的设计内容，我们的新办公室终于在迟了 4 个月之后装修完成了，我们搬进去时，才发觉那里并没有桌子，就连空调系统也无法运转。"

在我有机会发表意见前，查理满怀自信地说："人人都知道项目会超支和超时，唯一应付的方法就是牺牲项目的规模和设计内容，在系统程序开发和产品设计上尤其如此。"

"不一定。"我说,"有时候,有些设计工程项目能够在期限前很早就完成,成本在预算之内,而内容更比原来要求的还要丰富。"

曾经搞过设计工程的人,即半数学生,都不相信我的话。

我继续说:"20世纪50年代初期,苏联声称他们也有了原子弹,举世震惊。很明显,美国必须想办法监察苏联人在他们辽阔的亚洲地区的一举一动。"

"这就开始了太空人造卫星计划。"其中一位学生猜测。

"恐怕那时候人造卫星只能在科幻小说中出现。"我不得不使他失望。"但是,喷气飞机的技术却发展得非常快。当时一位著名的工程师基利·约翰逊,提议制造一架可以比战斗机飞得更高的飞机。你们知道开发一架新的飞机需要多少时间吗?我指的是由一个概念成为一个可操作的作战系统。"

"10年以上。"白赖仁信心十足地说,"我曾经在空军服役。"

"这不足以令你成为专家。"泰德取笑他。

"通常需时10年以上。"我支持白赖仁的说法,"U-2型高空侦察机就是在极短时间内开发出来的,只用了8个月,飞机已能飞翔于苏联上空,拍摄照片。"

"直到1960年鲍华斯所驾驶的飞机被击落。"白赖仁想证明他的确熟悉其中的细节。

所有人都折服了,一小部分是由于白赖仁,但主要是折服于那些制造U-2型高空侦察机的人,似乎唯一对此感到怀疑的是会计师佛烈。

我扬起一边眉头看着他,他开始发表意见。

"李查德教授,你刚才列举了两个项目管理的大灾难,你可否多列举几个例子呢?"

"当然可以。"我咧嘴而笑,"你要多少个?"

"你也列举了一个项目管理的成功例子,你又可否多列举几个呢?"

"我恐怕不能。"我得承认,并感到有点儿尴尬。

　　"正和我猜想的一样。"佛烈直率地回应。

　　佛烈给了我一个黄金机会把他们引向一个我希望得出的结论，我不由自主地问他："你为什么会这样猜想？"

　　"凭经验。"接着他就解释，"我曾在3家规模庞大的公司任财务经理，我审计过不胜枚举的新产品开发项目，跟所有审计员一样，我对项目是抱着极度怀疑的态度的，当然会有项目不超支，但那是极少数。"

　　"这大概是设计工程的情况。"我确定，"查理，计算机程序开发又怎样？"

　　"计算机程序开发行业中，人们经常说项目缺乏时间，但永远不会缺乏借口——在项目出现麻烦时互相推卸责任的借口。"

　　我和全班一起纵声大笑，大家静止下来后，白赖仁评论说："在空军中，我们总是能够在最后期限完成工作。"3秒过后，他补充说："那就是说，我们没法赶得上项目最初的期限，以至出现经修订后的第二个期限、第三个……"

　　当我终于有机会再次发言时，我指着泰德说："建筑业的情况又如何？项目的不确定因素（uncertainty）在建筑业中应该较为轻微。"

　　"对。"他说，"我们的项目一般都大同小异，所以我们有丰富的经验去管理。"他笑着说："我们也有丰富的经验在客户主动要求修改项目的某些内容时开天价，趁机掩饰我们的超支和超时。"

　　我看看手表，是做总结的时候了。

　　"我们可以这样总结吗？"我问全班，"所有项目都很可能遇上的问题是……"我转身面对白板，一边说一边写："（一）成本超出预算；（二）时间超出期限；（三）项目的规模或设计内容被牺牲。"

　　全班一致同意。

　　"我们通常把这些归咎于运气不佳，在我眼中，U-2型侦察机项目非常重要，因为它跟一般项目不同，只用了一般时间的1/10，单靠运气是不可能的，一定是由于他们有办法避免那些差不多每个项目都会犯的错误。"

"他们是怎样办到的呢？"露芙提出困扰所有人的问题。

"我们要是能解开这个疑团，多好啊！"我回答说，"这就带出了我要你们为下一堂课准备的功课。"

不论是任何年龄的学生，他们的反应只有一个——深深地叹息。

我无动于衷，继续说："在你的公司内，选择一个刚刚完成或即将完成的项目，访问项目经理和那些真正在最前线工作的人，以及项目经理的上司，准备两张清单：（一）项目出现问题的正式原因；（二）项目出现问题的非正式原因。"

"两星期后见。"

在从大学回家的途中，我停下来买了一些炸鸡腿，茱迪在纽约过周末，没有人在家中等我。我祝愿她好好享受时光，但想到她最爱做的事，我还是打消这个祝愿好了。

茱迪最爱买东西，最近常为我们的新房子购物，严格来说，那还不算我们的房子，为了支付订金，我们向银行借了钱，每月还款额吞掉了薪金的所有涨幅之外还要再多一点，这个夏天，我从额外的讲课中却赚不了多少钱，真是苦日子。

但新房子是一个很好的交易，一个划算的交易，茱迪很有天赋，可以发掘出难得的好交易，尤其是房子。她是一个房地产代理人，今年完成了 3 项交易，因为交易都涉及其他代理人，所以分红十分微薄，最后一笔交易也在上星期完成了，她只分得 687 美元，这就是她现在身在纽约的原因。酒店住宿费和飞机票大约共 600 美元，她绝不会只消费 87 美元，而我们的银行透支额又已经用尽了，也许我们又要坐下来谈谈了？我想了想，还是不谈为妙。

5

预算案起风波

Critical Chain

云柏妍从办公室的窗户往外望，每年到了这个季节，校园都会显得特别美丽，树木添上了不同的色彩，而年轻学子又再一次为这个校园换上一片新气象。

离她的办公室不足 100 米，是宏伟的商学院正门。她望着院长皮治急急走下宽阔的石阶，正朝着她的办公室走过来，这不会是个愉快的会谈。

云柏妍倒了茶，用银夹子把两块糖小心翼翼地放进杯内，然后把杯子递给皮治。她知道他喜欢什么，根本无须问，她非常了解他，她必须如此，因为在她的游戏中，他扮演着非常重要的角色。

"我肯定你喜欢它。"他指向她那巨大的红木书台，他所指的并非那张书台，而是上面那份厚厚的文件。

"大部分。"她微笑着说。

皮治比云柏妍年长一点，衣着一样高雅。但几年前他的衣着就大不相同——运动鞋、开领衬衣，是一位喜欢与教学环境相融合的教授。但现在不同了，爬上了这个渴望已久的职位后，他再也不是老样子了。他夺得这个职位时，只以很小的优势胜出，但现在他的职位稳妥了，商学院就是他的城堡，皮治希望做满一个院长所能达到的最长任期，甚至不惜代价改变任期长短。

这是他们的非正式会议，商讨商学院建议的下年度预算，他俩都喜欢在提交预算前，先行私下解决他们之间的分歧，这不一定意味着皮治预期的商谈会很艰巨，他建议的正是云柏妍预料的，年增15%，一如往年，并无惊人之举。当然，他们又必须上演例行公事，即她会要求将预算削减，他会拒绝，而最后他们会妥协，他甚至能预知在什么项目妥协，他估计云柏妍也知道。

"先让我讲一个故事。"云柏妍柔声地说，"我的第一份工作是在中西部的一所小型私立大学任职，大学的规模并非一开始就那么小的，其实在我加盟前 20 年，规模也算庞大。你知道后来发生了什么事吗？"

"不知道。"他回答，并猜想究竟她如何把这个故事和削减预算扯上关系。

她用轻柔的声调继续说："大学有一所发展得很好的农学院，他们让它每年增长 10%，它不断增长，随之而来的，套用你的用语，固定资产、教室、实验室、永久职系教授的数目等，也不断增加。"

"然后……"皮治有礼貌地说。

"然后，农业不再需要那么多毕业生，申请入学的人数自然下降，有兴趣继续攻读更高学位的学生也越来越少，但维修保养建筑物的重担依然存在，还要支付永久职系教授的薪金。"

"这在农业学系发生，不足为奇。"他平静地评论说。

云柏妍没有被他的评论分心，她还没有把故事说完。"影响不止于农业学系。"她澄清，"这个经济包袱已经足以迫使所有学系大幅削减开支，有些人更说大学不破产已是奇迹。"

她停了下来，皮治并不发表意见。

"你不认为这会在我们身上发生吗？"云柏妍问。

"绝对不会。"皮治不接受这个看法。

"为什么？"

"我们不应该将农业和商业混为一谈。"他说，"你要在农业方面取得成就不一定需要大学学位，在农业界，根本就没有外来压力迫使人们接受高等教育。"

"商界就有了。"云柏妍鼓励他说下去。

"毫无疑问，今时今日，如果你想爬上企业的阶梯，必须有工商管理硕士学位。"

"对我们来说是大好事。"云柏妍赞同他的说法。

皮治有点儿失望，他指望云柏妍会和他来一番更激烈的争辩，这个讨论到现在为止还不足以令他主动削减预算开支。

"皮治。"她继续说，"有另一个行业，人们必须完成高等教育——律师一定要念完大学，在法律界，没有选择的余地，但在商界，人们仍然有权选择。"

他提醒一下自己，不要低估云柏妍，然后大声说："这不见得和我们有什么关系。"

"我昨天和丁墨斯谈过，你认识他吗？"

"认识。"皮治开始不喜欢谈话的方向。

"他告诉我，他的大学正面对一个非常严重的问题：今年注册入读法学院的人数居然不及 3 年前的一半。"

皮治审视她的表情，却无法解读出什么来，不知道她葫芦里到底卖什么药，她正针对下年度的预算案，还是其他更重要的事情呢？但她至今没有发出任何明确的警告，难道这正是云柏妍警告他的方法？他决定停止跟她顶牛，起码直到找出云柏妍的真正用意为止。

"丁墨斯怎样解释这种情况呢？"他随口一问。

"这就是有趣的部分。"她回答说，"似乎他们已经谈论这件事很久了，如果我们也设有法学院的话，一定也已经听闻过了。"

"这是指？"皮治禁不住问。

"当上律师便注定发大财。"她开始解释，"看看他们的薪金，这并不难理解。很多年轻人都希望成为律师，于是法学院如气球一样不断膨胀，这种情况就像我以前的那所大学。"

皮治很容易就看出，她想把这种情况比拟他的商学院，而更严重的是，她针对的并不是目前，而是他的长远策略的基础。

"你也想得到故事后来的发展了。"她说。虽然如此，她还是说下去，很明显，她认为亲口说清楚十分重要："几年后，大批学生变成了大批毕业生，数量之多超过了市场的需求。"

皮治现在已经有足够时间盘算如何回应了，首先他必须向云柏妍表示他明白她的忧虑，然后就是说服她把忧虑放下。

所以，他毫不迟疑地说："不是所有法学院毕业生都能找到理想的工作，这个消息传开后，报读法律系的人数明显下降。"

"就是这样。"云柏妍同意。

"你一点儿也不用担心。"皮治刻意用他那最具权威的声调说。他打出他的王牌:"我们距离工商管理硕士需求的饱和点还很远很远。"

这一招并不见效,云柏妍不买他的账,说:"我们商学院今年报读人数的增长率不是历年来最低的吗?"

"这不过是暂时的现象罢了。"他不同意,"一点儿也不值得担心。"

"可能是——"她的脸上挂着深思的表情,"也可能不是。"

皮治不想就此罢休:"云柏妍,我要怎样做才能令你放心?"他已准备接受她的挑战。

"我担心的并非眼前的境况。"她回应说,"我最大的噩梦就是要承担异常昂贵的包袱,例如,你的预算案打算将 8 位教授转入永久职系,如果招生情况不幸恶化,这个决定将夺取你和我的命。我们可否暂时冻结永久职系,起码直至情况明朗些?"

"不行,云柏妍,这个做法绝对错误,我们需要这些人,如果现在不把他们转入永久职系,就等于要他们离开。试想想这样做的后果,想想它会带来的震撼。我很明白你的忧虑,但是,我们没理由如此惊慌失措,也肯定没理由采取这么激烈的行动。"

"向他们发出一些信息是适当的。"她坚持。

他清楚地知道那 8 个新的永久职系任命不可能实现了,但仍值得一试。"你也许说得对。"他镇定地试图讨价还价,"也许我们应该发出一些信息,各学系不应该视我们两人如橡皮图章。"

她等着他的提议。

"我想我们只能接纳 6 位教授转入永久职系了。"他提议。

令他震惊的是,她根本不愿意讨论人数。"我依然担心,发生在法学院的情况同样会在我们的商学院里出现。"她坚持,"要扭转这个可能出现的局面,你有何提议?"

皮治试用他惯常的策略:"我不会建议对它置之不理,"他安抚她说，"绝对不会。我们应该多关注这个问题，评估各种事态可能发生的概率，并做些研究。"

"完全正确。"她顺水推舟，"我们是不是同意，毕业生能否找到工作就是第一个决定性的信号呢？"

"我猜是吧。"皮治一边冷冷地回答，一边思索这个新观点。

"我们是不是要等到工商管理硕士毕业生连找一份合适的工作都感到极大困难的时候？"她问。

"我同意万一这种情况真的发生，我们必须采取行动，但现在离这种情况仍然那么远，坦白说，我怀疑这一天会不会真的降临。"

她反驳说："你认为，我们身为肩负此责任的关键人物，不应该监察事态发展吗？"

"好主意。"他开始想到如何把这个问题扯到一个委员会上，然后由委员会把事情淡化，最后无影无踪。"你建议我们应该怎样监察？"

"3 年前，商学院为全校毕业生做了一个大规模的调查，并把调查结果用作招生工具。"她说。

"这是我始创的。"他自豪地说，"它非常有效，我赞成应每年做一次调查，这样，事情就会在我们掌控之中，我现在就去组织委员会，筹办这件事。"

她向他微笑。而他就努力保持那副"我会通力合作"的表情。

"皮治，我们没有时间去组织委员会了。"他来不及反对，她已转身走向书台。"这些就是我们新做的调查报告，我相信你会觉得它的内容出人意料，而且颇令人担忧，一旦读完它，你肯定会同意我们必须完全冻结永久职系。"

"先让我读完它，花些时间做评价，然后我们再一起讨论。"皮治死撑着，力图保持一点儿颜面。

"我们肯定会。皮治，要添茶吗？"

6

扑朔迷离的安全时间

Critical

Chain

我（李查德）走进教室，学生依然非常嘈杂，很多人还未就座，在我的桌上有一叠材料，我把它整理好，然后翻动一下，选出看来最专业的一份。"佛烈。"我大声读出作者的名字，他们也就立刻静下来。

我继续读下去："项目名称：筹建马来西亚的新生产设施。"

"我可以说几句吗？"佛烈问。

"当然可以。"

"这个马来西亚项目并不是我负责的，我故意选择它，是因为我对我所牵涉过的项目如何出乱子，已经有了强烈的看法和意见。"

"而你想做出一个较客观的评价？好主意。"然后我继续朗读他的报告："项目状况：那个马来西亚工厂早该在 8 个月前投产，现在，除了一个部门，所有部门已安装好机器，但 5 条生产线中只有 3 条已投产，而整个工厂的产量不到目标的三成。佛烈，有什么要补充吗？"

"我还听闻一些关于产品品质不符合标准的投诉，但由于未能得到有关数据，我在报告中没有包括这点。"

"好。佛烈报告中的下一项是财务状况。我很喜欢你这份报告的编排方法。"

"只是个标准格式而已。"他谦虚地说，很明显，我的赞赏令他很高兴。

我继续读："财务状况：由于支出比预算超出 16.2%，加上生产上的延误，最初预估的 3 年回本期现已修订为 5 年。"

"是不是所有人都知道'回本期'是什么？"我问全班。

露芙大概明白这个名词的意思，没有人承认不明白，虽然如此，我还是解释："从投资的一刻开始，一直到累积收入能超越当初的投资额，这段时间就称为'回本期'。假设你投资了 100 美元，而你每年可得 50 美元的回报，如果没有通货膨胀，你的回本期就是两年了。在佛烈的个案中，由于他们的投资在一段颇长的时间内分阶段进行，所以计算回本期较为复杂。一般来说，一个新工厂能在 3 年内回本，已属非常好的投资。考虑到会遇上的风险，5 年的回本期是仅仅合格。"

"5 年是现时的正式预估，但我的朋友认为这预估仍然太乐观。"佛烈评论说，"有人正鼓吹将正式预估改为最少 5 年，但由于项目是由他们的行政总裁当大旗手，我恐怕短期内这个预估不会被修改。"

佛烈的评论的确令他的报告生色不少。"正式的解释——"我继续朗读，但立刻被佛烈打断。

"当然，我并没有访问那位行政总裁，我这里所指的'正式的解释'，来自一份备忘录，一份向华尔街分析员解释现况的摘要。"他说。

"这样更好。"我说。然后继续朗读："第一，异常恶劣的天气导致建筑工程延误；第二，机器供应商遇到始料不及的难题；第三，和马来西亚政府谈判员工雇佣条款，需时比预期的长。"

我不禁问："3 点都有共同处，你们没察觉到吗？"

泰德抢着答："通通是其他人的错，如天气、机器供应商、马来西亚政府。""你还能指望什么呢？"佛烈有点儿不耐烦，"这就是企业心态，永远只会指责外面的世界，但看看非正式原因一栏，你会发觉他们也把矛头指向公司内部。

"还有，李查德教授，我没有办法访问现时的项目经理，他正在马来西亚，但这不打紧，因为由建筑阶段进入投产阶段时，项目经理就换了人，前任项目经理和他的几个助手都回到总部来了，我访问过他们。"

"项目经理列出的非正式原因。"我读下去，"第一，公司高层迫使我们接受不切实际的排程（schedule）；第二，公司明知价格较低的供应商不可靠，仍规定我们选择他们；第三，虽然我们曾屡次要求，当局还是太迟才开始聘请和训练员工。"

"还有——"佛烈补充说，"关于最后一点，有人告诉我，他们那么迟才聘请员工是因为机器来得迟，并认为花钱聘请那么多人回来却无所事事，是不明智的做法。"

我谢过他，继续说："项目经理的下属提出了非正式原因。第一，过分依赖供应商的进展报告，事后才发觉所报资料不正确。"我望着佛烈，等待他解释。

"我曾听说过，有很多次，供应商报称机器制造大有进展，但实地视察时才发觉他们几乎未动工。还有一个较极端的例子，供应商收到另一个客户的大订单，居然把我们的订单搁置了差不多3个月之久。"佛烈说。

"我明白了。"我说，然后继续读，"第二，对马来西亚承建商监管不足；第三，项目组人员频繁地被调派去处理各种突发事故；第四，太多无谓的'协调会议'阻碍工程的进展。"

"有谁不明白最后两点？"佛烈问全班。

"没有。"答案从四面八方来。

"你们能够把自己日常遇到的问题联系到佛烈的报告中去吗？"我问。

全班都点头，我继续说："那么我们就试着从报告中得出一般项目的共同点吧，谁提出第一点？"

"我已经提出了。"泰德说，"所有问题的解释都有一个共同点，就是它们都是其他人的错，我们听见的都是互相攻击。"

"还有，"马可用他洪亮的声音说，"这现象有个模式：员工的地位越低，矛头越是指向公司内部，而不是外部。在我的报告中，你也会发现同一种情况。"

"有没有其他人发觉类似的情况？"我问全班。

差不多所有人都表示有，我继续问："我们应该考虑谁提出的原因呢？掌控大局的公司高层，还是较了解实务的低层经理？"

接下来的讨论进展不大，我们开始困惑，直到泰德说："有一点可以肯定，就是我们不可忽视低层经理的申述，如果是这样，大部分错误就出自公司内部。"

大家都同意，他继续说："这表示公司是可以把项目管理得更妥善的。"

"怎样才能办到呢？"露芙很直接地问。

"你这样问是什么意思？"查理对她的问题颇为不悦，"看看他们指责什么，然后设法纠正嘛。"

"我正在看，但依然不知道。"露芙镇定地回答。

我再看看项目经理的下属所提出的原因清单，露芙的观察出乎意料的细密，我开始领悟到她那"无知的"问题其实源于她洞察事物的过人能力。由于佛烈的报告只在我手上，我尝试解释露芙的观点。

"这些人抱怨公司对供应商的监管不足，但另一方面，他们也辩解工作量过大，很难腾出时间来处理突发事故。"我说。

泰德不肯放弃他的观点："这表示公司应增加人手去监督项目。"

"增加人手，就意味投入更多时间和精力去搞协调。"我指出，"员工人数增加 1 倍，协调工夫就得大 4 倍，你可能已察觉到，这群人同时也在辩解他们浪费了太多时间搞协调了。"

"他们应该找个更有效的方法去管理自己。"泰德总结。

"怎样才可以办得到？"露芙紧盯着他问。

"这就是我们来这里上课的原因。"泰德将球踢回给我。

"谢谢你，泰德。那么，从低层经理提出的原因，我们可以得出以下结论：我们必须找出更有效的方法管理项目，这点不容置疑，但那些公司高层所提出的原因又如何，我们也不能忽视。"

他们都同意。

有人从后排喊出来："你可否重复一次行政总裁提出的原因？"

"当然可以，第一，异常恶劣的天气导致建筑工程延误；第二，机器供应商遇到始料不及的难题；第三，和马来西亚政府谈判员工雇佣条款，需时比预期的长。你们看到 3 个原因的共同之处吗？"

"看到了。"又是泰德第一个回答我，"全都在怪罪变幻无常的事物。"

"请解释。"

"异常恶劣的天气。"他引用报告的字眼说,"始料不及的难题、需时比预期的长……它们都是一些不确定因素,一些在项目开始时难以预料的东西。"

"而你认为他们是在放空炮?"我问。

"绝对不是。"他进一步解释,"不确定因素是所有项目的典型特征,是这头野兽的本性。"

我指出:"如果真是这样,如果它真的是这头野兽的本性,那么我们应该发现,项目涉及的所有人所提出的原因背后都有不确定因素,而不只限于公司高层。"

"我们的确发现这种情况。"露芙低声说。

我们回到佛烈的清单,她说得对,项目经理的投诉全都围绕着一些不确定因素,例如:项目的排程没有考虑不确定因素,因此不切实际;挑选供应商只根据价格,而不是他们的可靠性,即应付不确定因素的能力;由于无法确定机器何时可用,招聘员工被迫延迟。

我们转头看看项目经理下属的投诉,即有关供应商的问题。出乎意料,起初全班都认为这与不确定因素无关,经过一番辩论,我们才认识到供应商是不会故意为项目制造麻烦的,因为他们只能在完成任务后才能拿到大部分的钱,但为什么仍然出现延误呢?正如佛烈的公司一样,他们也受到不确定因素困扰。其后我们同意,不论直接或间接,大部分的苗头都是由不确定因素引起的,而不停地搞协调是那些苗头和随之而来的延误所导致的。

"我来总结。"我说,"我们观察到矛头也指向公司内部,而我们也同意这是有其好处的,因为公司可以为此做点实事。然后,我们研究了有关细节,得出的结论是,我们必须更有效地管理项目。再者,隐藏在项目里的不确定因素,就是管理不善的主要成因。"

"那么,任何人都无能为力。"这就是查理的结论。"你总不能期望一个充满不确定因素的环境会带给你可预知性和稳定性吧。"

这些问题足足困扰了我整个夏天，我们见到的无数失败的项目难道是上天注定的？真的是不确定因素连累的？真的无可救药、无可奈何？

起初这就像一堵不可逾越的石墙，如果没有 U-2 型侦察机例子的启发，我也许已经放弃了。

我开始试图引导全班朝着韦逊曾经指出的缺口迈进。

"每个搞过项目的人都知道，项目通常包含很多不确定因素，我们并非第一批这样说的人。"我提醒他们，"那么，当初我们做预估时，为什么没有把不确定因素适当地预算在内呢？"

"因为我们不能这样做。"马可高声说。

"为什么？"我问，"谁阻止你们？"

"最高管理层。"他回答，然后解释说，"以我的项目为例，最初预估它需要 30 个月完成，但是最高管理层认为不可以接受，并大刀削除了所有安全时间（safety time），我的上司同意尝试在两年内把它完成，但这根本是不可能的。"

"那么，你要的是 30 个月，而最高管理层把它缩减成 24 个月，两者相差 20%。马可，考虑到产品开发要面对的不确定因素，你认为 20%的安全时间已经足够了吗？"

"不，但有什么办法呢？最高管理层甚至连这个也不准。"

"我看不会是这样，我们所争论的可能是两码事：你谈的是项目整体所加进的安全时间，而我指的是项目中每个步骤所加进的安全时间。"我说。

由学生的表情判断，我还是解释一下好了："让我慢慢来，项目中的每个步骤都有预估时间，即由该步骤开始时算起，直到它完成。马可，当你或你的下属预估一个步骤所需时间时，你会加进多少安全时间？"

"1 分钟也没加，我们递交的预估时间都是切合实际的，我们已尽我们所能了。"他并不是在开玩笑，他确信自己说的话，我唯有把讨论带进更深层次。

"你们全都学过概率分布（probability distributions）吧？"我开始解释。

我明白学生多么不喜欢统计学，于是决定清楚地逐个步骤解释。"假设一个熟练的射击手用性能良好的枪射向一个靶的靶心，他射中的概率是多少？"

我把高斯分布图（Gaussian distribution）画在白板上（见图2）。

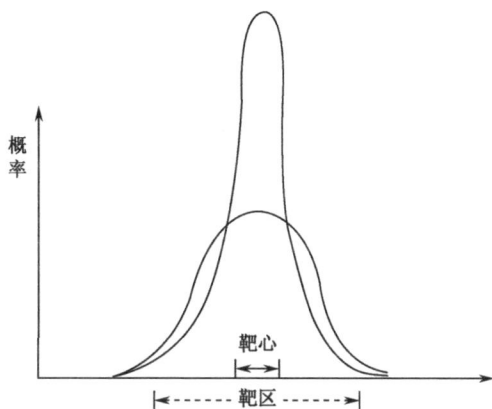

图 2

"你们大概看过这条线不止一次了。"虽然如此，我仍然解释，"这个射手连靶区也沾不上的概率的确很低，射中靶心的概率也不会是100%，但比射中靶区其他位置的概率高。而这条就是另一位更出色的射手的概率分布线。"然后我画了另一条更窄更高的高斯曲线。

"现在让我们思考另一个案，你从家里驾车到大学，要多少时间？白赖仁，你可否回答？"

"大约25分钟。"他回答，不大清楚我在问什么。

"你所指的'大约'，是什么意思？"

"大约即大约，有时候要用 30 分钟，有时候会快一点，要看当时的交通情况。如果我开动雷达探测器在深夜驾车，甚至可以在 10 分钟之内到达，但在交通繁忙的时间就可能要花上 1 小时了。"他开始领会到我的意思，并继续说，"如果我的轮胎漏气，便会更久了，又如途中我的朋友说服我到酒吧喝酒的话，就要更长的时间。"

"非常正确。"我说，然后把相关的概率分布画出来，5 分钟内到达的概率是零，25 分钟的概率最高，但即使是 3 小时，概率也不是零（见图 3）。

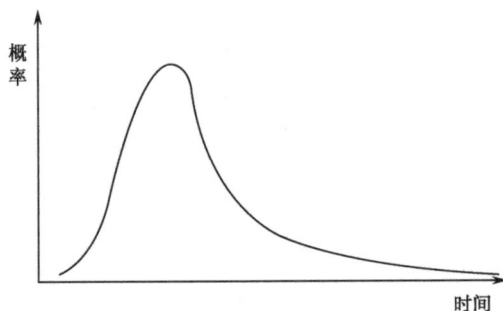

图 3

"马可，当你需要预估项目的一个步骤所需的时间时，这两个概率分布图，哪个较切合？"

"后面那个。"他笑着补充说，"其实情况就像白赖仁说的一样，喜欢停下来喝喝酒，滔滔不绝几小时。"

"不确定因素越高，分布图的尾巴越长。"我提醒他们，"这是概率分布的中间值（median）。"我在图上画一条直线，"这表示项目只有一半机会在预定时间或之前完工。"

我顿了顿，让所有人消化一下这个理念，然后问："马可，白赖仁做预估时，选了一个很接近中间值的数字，那么你或你的下属预估项目中的一个步骤时，通常会选什么数字呢？你出来，在白赖仁的概率分布图上画给大家看，好吗？"

他花了好一会儿才走到白板前，我把笔递给他，他毫不犹疑地在分布曲线的最右方画上一条直线（见图4）。

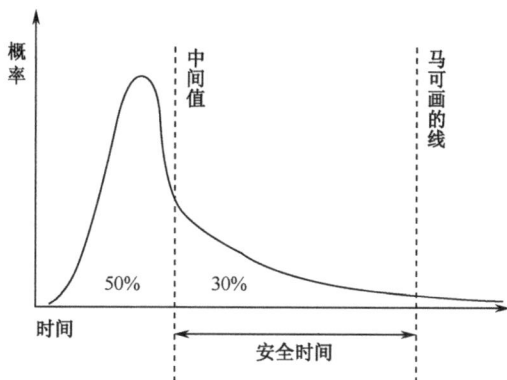

图 4

"为什么不画在中间值附近？"我问。

"因为墨菲是存在的。"他笑着说。［墨菲指墨菲定律（Murphy's Law）："一切可能发生的麻烦，都必然会发生。"——编者注］

"白赖仁也可能遇上墨菲啊。"

"别开玩笑了。"他说，"只有自寻死路、缺乏经验的人才会选择中间值。"

"合情合理。"我说，"尤其因为在大部分机构，提前完工不会获得奖赏，延误却需要层层解释。在这种情况下，我同意马可所说，没有人会选择一个有一半泡汤机会的预估，那什么概率会令你们较为放心？"

有人提议："最少八成，九成就更好。"

没有人反对。

"马可，现在我们明白你为什么把预估时间画在概率分布图的最右方，即在八九成之处了。"我说。

"好。"

我对全班说："在概率分布图中，中间值和我们选的预估时间之差距，就是我们加进的安全时间。"然后我停下来让他们思考。

我转身对马可说："那么，你的预估有没有加进安全时间，以对付不确定因素，或者你所指的墨菲？"

"我想有的。"

"比较中间值与你选的预估时间，看来安全时间并不只 20%。"我说。

"更似 200%。"他承认。

"大家看看这个图。"我提议，"五成机会准时完工的预估时间远比八成机会的短得多，你们明白吗？不要忘记，不确定因素越大，两者的差越大。"

"那么，加入 200%或以上的安全时间才是惯常做法，而不是例外。"露芙深思着说。

"除了那些食古不化的老土怪，所有人都会选八成或以上作为预估。"我说。"这就是说，我们在项目的每个步骤都加进了很多安全时间，你们明白项目内的安全时间是何其多吗？"我问他们。

他们全都点头，尝试消化我的话。马可一边走向他的座位，仍然一边回头望着白板上的概率分布图，我直到肯定马可和那两位被他撞倒的学生都没事后，才开始做总结。

"我们得出的结论是，存在于所有项目中的不确定因素就是大部分问题的主要根源，人们对此并非懵然无知，他们的确加了很多安全时间做保障，我们是否必须对安全时间这个题目做更深入的研究？"

他们一致赞成必须做。

"好。"我说，"这就是你们的作业。在你研究过的那个项目中，随意选出最少 3 个不同的步骤，并找出每个步骤的预估时间是怎样定出来的，不要只问项目经理，要追查提出该预估时间的人，并约见他。"

泰德举起手，表情有点儿为难。

"泰德，什么事？"

"这个作业并不是那么简单。"

"为什么？"

泰德还在想着怎样回答，查理已接口说："因为多数项目的单个步骤其实已包含很多任务（tasks），由不同人负责。"

"而且就算只是单一步骤，也可能多至几个人制定它的预估时间。"白赖仁解释。"那么你们就要发掘一下了。"我幸灾乐祸地说。

"发掘一下？"泰德抱怨，"你倒轻描淡写啊，实际工夫可真不少。"

"而且这些资料大都没有记录可翻查。"白赖仁忧心忡忡。

"我真怀疑那些人是否还记得他们当初是怎样计算预估时间的。"

"尽力而为吧。"我回答说，"记住，我们刚才得出的结论，就是有必要对藏在项目中的安全时间有更深入的了解，坦白说，极少有书本或论文谈到这一题目，想有收获，就要从其他途径自己发掘资料，这是唯一的选择。"

"太困难了。"泰德说，"我们没法在下一堂课之前完成。"

我尝试跟他们争论，但面对一班这么"团结"的学生，要孤军制胜可不易，这真难为了我，会令我偏离计划好的讲课次序，但想深一层，这也未尝不可，我可以在下一堂课先教计划评核图（Program Evaluation and Review Technique，PERT）和"关键路线"。我最后妥协了，他们可以在再下一堂课才交作业，最少他们答应了会把作业做得深入详尽。

马可、露芙和佛烈坐在他们窄小的办公室里阅读彼此的报告。马可第一个读完，他耐心地等着其他两人，待佛烈把报告放在桌子上后，他问："怎么样？"

露芙慢慢说："看来，我们的发现印证了在课堂上所学的，人们真的根据他们过往最坏的经历来定出'合乎现实的'预估时间。"

"看来是的。"马可同意,"除了某一自信心极度膨胀的人,所有人都倾向于选择一些能保住自己屁股的预估时间。也许李查德教授说得对,他们真的加进很多安全时间,如果是这样……"

"等一等。"佛烈打断了他,"这只是我们访问那些工程师时所得的印象。"

"采购部更加如此。"马可坚持要补充,"你们相信吗?找一个连接器要 7 个星期?"

"我同意,但我认为你忽略了一点。"佛烈搔搔他那头浓密的黑发。

他们等着他继续说下去。

"在某些个案中,工作都已经完成了,但你们知道发生什么事了吗?原来的预估时间都不算离谱,我抽查的 4 个个案中,有一个提前完成,两个准时完成,余下的那个就迟了很多。但在所有个案里,我看不出有 200% 的安全时间。"

"难道预估时间会自行应验?"露芙猜测。

"什么意思?"马可感到很诧异。

"还记得我们在生产管理上学到的东西吗?"露芙问。

马可不耐烦地回答:"露芙,自从我们被分配给这个要命的任务后,在那么多科目中学了那么多东西,你可以具体一点儿吗?"

"在生产管理上也出现相同的现象。"露芙说。

马可一边叹气,一边乞求说:"再具体一点儿好吗?"

"你们记得那个个子高高、长胡子的物料经理吗?"露芙说。

"史提夫?那个你暗恋的家伙?我当然记得,怎么会忘记呢?"佛烈取笑她。

"我哪里暗恋他?况且,他已经结婚了。"她回到讨论的题目,"史提夫告诉我,他的工厂收到太多封迟交货的谴责信,他们交货期表现得实在太混乱了,所以改向客户承诺三星期的交货期,代替原来的两星期,多出的时间可以让他们提早一星期发放物料到生产线上去。"

"但这个方法并不奏效。"马可回想起,"他们的交货期表现依然很差劲。"

"他们说整个任务需时两星期,实际却超过两星期;他们加进了一些安全时间,改说要三星期,最终又超过三星期,真是一个自行应验的预言。"露芙总结。

"对,但这是因为生产和项目不同。"佛烈反驳,"搞生产的人都知道,物料花在工厂里的大部分时间,不是在机器前排队轮候,就是在等候另一件物料到来进行装配,绝大部分时间不是真正用于生产,而是在排队和等候,但项目不是这样。"

"如果李查德教授说得对,而项目里的每个步骤真的包含那么多安全时间,那又怎样?那代表项目绝大部分的完工时间(lead time)都花在排队和等候上。"露芙说。

"露芙、佛烈,冷静些。我们一起想想吧。"马可说。

他们又激烈争论了半小时,仍然毫无结论。

"我们可以这样总结吗?"马可尝试了结这场辩论,"安全时间是一个很重要的概念,但要把它转化为实际和有用的行动,我们还是缺少了什么似的。"

"我不同意。"佛烈说,"我不认为我们的调查所得证明了真的有很多安全时间存在。"

在辩论从头开始前,马可提出了妥协:"让我们收集更多资料吧。"

露芙不赞成,说:"有什么用呢?更多的资料也帮不了我们解释这个自行应验的预言的,我们要做的是好好思考。"

"好。"马可微笑着说,"你去思考,我们去收集资料。"

"如果你们打算以一些神神秘秘的资料作为证明,硬说安全时间并不是那么多,我绝不会饶恕你们的。"她警告说。

佛烈问:"为什么你总要是对的?那么紧张干吗?因为我拿史提夫开你的玩笑?"

"别提史提夫了。我有更好的理由，谜底一定在安全时间，否则我们取得金矿的机会便泡汤了。1万股公司股票，我要。"

"我也要。"佛烈笑说，"但我会寄希望于我们的'24小时疲劳轰炸'策略最终可以助我们成事。"

"忘掉这个吧，用在那群自我膨胀的工程师身上，没有用的。"露芙说。

"可能有办法的。"佛烈说，但似乎连他也信心不足。

"李查德教授关于安全时间的见解很有潜力。"露芙十分坚定。

马可两面不讨好，说："要不要告诉李维我们开始有头绪了？"他问。

"早了点吧。"露芙评论说。

"实在太早了。"佛烈坚决地说。

7

"我实在没法拿起屠刀"

Critical Chain

皮治走进云柏妍的办公室时，她已经坐在书桌前等候了，他把她的便条放在桌上，不吭一声便坐下了。

云柏妍拿起便条，假装从容不迫地看。"怎么样？"最后她说。

"这绝对不可以接受！"皮治坚称。

"为什么？你的预算案是根据招生人数的预测批核的，现在事实证明那项预测把人数夸大了 300 多人。"她的态度非常强硬，根据实际招生情况削减预算开支，有什么不妥？"

"这并不是经营商学院的方法。"他极力抑制自己的怒火，"我们现在不是经营街头巷尾的杂货店，不能为了小小的波动就修改策略，一定要根据长远的策略来办事。"

"什么长远策略？"云柏妍轻声问。

这一问险些令他坐不稳，除非每年预算开支惯性地增加 50%也称得上策略，否则他们根本就没有策略可言。另外，他实在不想跟云柏妍继续争论商学院前途的问题。

"皮治，商学院一定要根据实际招生人数来削减预算。"她重复说。

"你知道这样做是不切实际的。"他不耐烦地回答，"事实上，学生人数下降不等于教学成本会降低。"

"我们可以删除一些科目。"她坚持。

"太迟了。"他斩钉截铁地说。

"不，绝对不迟。"她依然非常坚决，"过去两年间，商学院的自选课程数目大幅增加了五成，你不用等到明年，大可以在下学期就删除一些。"

"这将是行政上的噩梦。"他反对。

云柏妍不理会他，继续说："而很多必修课程，你同时开办两班甚至三班，合并它们吧，少用一些副教授也不碍事。"

20 分钟后，皮治败阵了，颓然撤出云柏妍的办公室。而云柏妍并不觉得高兴，她知道自己只不过赢了一场小战役，商学院的各个评审委员会依然在处理转入永久职系的推荐书和积极为新的大楼筹款，但她确信如果倾尽全力，是有办法阻止他们的。

云柏妍拿定主意，按一按对讲机，对秘书说："请接高斯密。"

高斯密到机场接了云柏妍，他们进入他的座驾时，云柏妍说："我们哪儿都不去，只开车兜兜风。"

他并不感到奇怪，他们以前曾经说过，车上是少数他们可以密谈而不受骚扰的地方。

两分钟后，他们驶上了通往郊区的高速公路，路上车辆稀少。

"高斯密，我不知道应该怎样做。"云柏妍轻声说。

高斯密认识她已经有很长一段时间了，知道这个坚强而精明的女人并不需要他协助去分析她面对的矛盾，在她能够清楚了解自己的难题之前，她绝不会对任何人说，哪怕是他，她找他一定是为了寻找难题的解决方案，他耐心等待她继续说下去，他等了良久。

"还记得我们上一次在华盛顿的谈话吗？"她说。

"关于商学院招生人数下降的事。"他说，以示他没忘记。

他当然不会忘记，作为一所拥有商学院的大学的校长，高斯密自然关注这件事，不但关注，而且十分担心。他在那次华盛顿晚宴之前已开始担心了，那次聚会令他的忧虑加深，但其后每天繁重的工作令他不得不暂时把事情放下，直到云柏妍来电，又旧事重提。

"我认为在华盛顿的聚会里，我们对这个问题的分析并不正确，情况比我们想象的严重得多。"云柏妍断言。

高斯密一向视她为同行中最有远见的人之一，所以她最后那句话使他非常忧虑，他焦急地等待她说下去。

"我们非常担心商学院的报读人数逐渐下降的趋势。"云柏妍开始解释，"那次在华盛顿，我们说商学院大幅增加名额，超越了市场对工商管理硕士的需求，进而造成这种局面。"

"我们也猜测市场上有流言，说工商管理硕士学位不再能保证一份待遇优厚的职位。"高斯密补充。

"对，那次聚会后，我进行了一个很广泛的调查，证实了这件事。"

"可以给我一份报告吗？"高斯密问。

"当然可以。但是，高斯密，恐怕我们的分析犯了一个基本错误，我们有意或无意地将法学院招生的问题引申到商学院去了，虽然两者的症状非常相似，但我担心背后原因有极大的区别。"

她停了一下，然后继续说："法学院正经历供求之间的正常调整，它们的问题是供过于求。"

"不止供过于求那么简单，谁需要那么多律师？"

她不理会他的意见。"但在商场上情况就截然不同了，我们仍远远不能满足市场的需要，供过于求不可能是成因。"

"你怎么知道呢？"

"任何人都知道市场严重缺乏具备资格的管理人才，你的大学也可以用上一批吧？"

"绝对可以，如果我能够踢走那批无能的小丑的话。"高斯密说。

她笑着说："噢，高斯密，和你在一起真是件乐事。"

"我不会说'彼此彼此'来逗你开心，除非你说出我要的答案。"

"什么答案？"

"如果我们并没有供过于求，为什么会出现同样的症状？"

云柏妍又严肃起来了，她说："我并没说过我们没有供过于求，而是说我们还远远不能满足市场的需要。"

"算是可怜我吧，不要再叫我猜谜了，我只是一个土头土脑的大学校长。"高斯密半开玩笑地央求。

"高斯密，要到什么时候我们才能睁开眼睛？"她平静地问。

"就请你替我睁开它们吧。"他语带讽刺地请求。

云柏妍没有回应，她感到懊恼极了。事实是多么明显啊，就像涂在墙上的告示，也像一根大棒当头劈下来，但高斯密居然视若无睹，既然如此，何必惊醒他？

他揉一揉她的手。"求求你。"他的声音充满着真诚的企望。算了吧，她也花了相当长的时间才能正视这个问题呀。

她开始解释:"法律系学生从法学院得到的不只是一张纸,更是实质的知识,你有没有见过有人自夸可以不经学习就能成为一个好律师?"

"我只知道,有人认为好律师都死光了。"他尝试去逗逗她,"我明白你的意思,几乎没有人会说没有工商管理硕士学位,就不能成为好经理,你和我都没有工商管理硕士学位,但我们都在主管庞大的机构。"

她说:"过去几个星期,我用尽机会去听取经理们对我们教学的评价。高斯密,我听到的糟糕极了,普遍的共识就是,所教的基本上是垃圾。"

"你夸张了点吧?"

在其他时候,这样的评语必会招来云柏妍尖锐的谴责,在其他时候高斯密也不会做这样的评语。

"有些经理告诉我,他们十分失望,甚至决定不再招聘工商管理硕士,其他经理则说他们甚至劝阻那些有意报读工商管理硕士的人。"

高斯密有足够时间把她的表述与自己的亲身体验相联系,两者确实吻合,他慢慢说:"你是指,我们宏伟的城堡其实建筑在浮沙上。"

"我们面对现实吧,高斯密,我们并没有供应市场所需。"

他们沉默了一会儿,高斯密尝试消化她的话,然后说:"但是,云柏妍,这是不可能的,如果你说的没错,根本就不会有人报读工商管理硕士了。我们收取数万美元的学费,他们付出多年宝贵的青春,而我们提供的却是毫无价值的东西?如果这是事实,他们早已枪毙我们了。不,云柏妍,一定是你弄错了。"

"高斯密,你要我怎样?要我认错吗?你想证明我只不过是神经过敏兼杞人忧天吗?这又有什么用?根本改变不了事实啊。"

她终于唤醒了他,他再不能把这个问题当作小事一桩,或者众多会议议题中普通的一项了。他知道她说得对,他的朋友之中,差不多没有一个人认为工商管理硕士学位是重要的,就连他自己在聘请经理时，也不会把它视为考虑的因素，但……

"云柏妍，请回答我，究竟是什么原因使我们还未跌至粉身碎骨？"

"人们对高等教育的尊崇。"她没精打采地回答，"一份我们某些部门应得的尊崇，但不是所有部门。"

对他来说，这个解说合乎逻辑。他的脑筋加速运转，尝试找出这句话的含义，他说："当企业界不再尊崇大学学位时，真正的崩溃便发生了，我不知道到时有多少商学院能够支撑下去。云柏妍，我们一定要有所行动，必定要挽救商学院，它是我们大学的一半。"

"我们没有什么可以做的了。"云柏妍坦诚地说，"管理是一门艺术，我们却把它当作科学去教，这样不可能见效，现在不能，将来也永远不能。"

"我不同意。"高斯密非常坚决，"它不是一门艺术，机构都有运转程序，它们在经过清楚界定的架构内运转并订立规章制度。管理不是单凭印象和直觉，在许多企业中，很多东西甚至可以用数字来衡量。"

她想了想。"你说得可能对。"她不想继续争辩，"你是否真的认为，现水平的管理就像一门精确的科学？"

"如果是，我们就没有这些麻烦了。"他答。

"你是不是也同意我们不应该寄望奇迹降临？或者妄想管理学问会在短期内转化成一门科学？"她问。

她没有等他回答，便说："那么，有一点非常明确，我们不能坐以待毙，任由商学院慢慢倒下。高斯密，我们一定要快快行动，这是我们的责任。"

"你有什么提议？"他轻声问，她差点听不到。

"我们唯一能够且必须做的，就是开始谨慎地收缩商学院。"

在接下来的路上，谁也没有说过一句话。高斯密思考着这句话的含义，云柏妍亦然。

"云柏妍，我必须苦涩地谢谢你，但你从老远飞来，应该不只是为了让我睁开眼睛，你一定是遇上了困难，究竟是什么？"

"高斯密，我力不从心。"她承认，"我经过一番奋斗，成为大学校长，就是为了创造一个环境，培育年轻人和求上进的人，但现在我唯一求存的方法就是左砍右劈，我实在没法拿起屠刀。"

"我明白。"他静静地说，"但是，云柏妍，现在你我都知道，继续拒绝面对这个问题会带来的后果，商学院必定会走下坡路，如果我们现在还不开始整治一下，创伤将更大，商学院可能更会拖垮其他部门，我们一定要对这几千人负责啊。"

"我知道，相信我，我真的知道。但是，高斯密，我不能这样做，我就连第一步也迈不出，我尝试停止批出永久职系。商学院认可了 8 个候选人，我看过他们的档案，上面所载的并不多，但从有限的资料中，你可以看见他们为此付出了多少心血，投入了多少时间，我可以想象到他们的家人，可以想象到这样做会怎样毁掉他们。"

"不要误会。"她补充说，"除去没有真才实学的人，我绝对不会犹豫，也绝不心软，但这些候选人应该得到更好的对待，他们都是那么精明、勤劳的好人才。"

"让其他人去当屠夫吧。"她难堪地说，"我正考虑辞职。"

云柏妍并不是信口开河的人，他努力地克制自己不去提她那令人震惊的话，只是说："你并没有宰杀他们，而是为他们做了一件好事。"

她差点儿被呛死。

"听我说，"他用他那粗糙的声音继续说，"让他们现在就出去闯闯吧，他们都年轻，还大有作为，会为自己铺路。你多留他们一年，他们的机会就减少一分，市场对他们的才华赏识就少一分，而他们的适应能力更减少一分。"

她并没有回答。5 分钟后，她把手搭在他的手上，说："开回机场吧，我还赶得上六点起飞的班机。"

他们沉默地驶回机场。

当她离开时，她吻吻他的面颊，说："高斯密，你真是我的挚友。"

8

报告的包装

Critical Chain

有人敲门，我（李查德）从工作中抬起头来，看见韦逊拿着一叠材料走进来。

"真妙。"他说，然后把材料向我的桌面一抛，"你的 26 个个案，加上我在这两年间收集的个案，我们现在有了相当多的资料，可以写一篇好论文了。"

他拉出椅子。"这是我对论文各个部分的建议。"他翻动那叠材料，最后交给我一页手写的，我自诩是解读韦逊笔迹的能手，但这页纸真的难倒我了。

"逾期和超支。"我最终猜出了第一个副题。

"李查德，很多人曾发表过关于这个题目的研究报告，而我们大部分个案都没有实际数据作为基础，因此我提议你先收集所有合适的参考资料，然后，我们就宣称我们的发现印证了以前的研究。"

我心中盘算着，看来我要最少花两天的时间，待在图书馆里干苦活了，我倒想知道还有什么好戏在后头。

"我们应该把重点放在如何为大混乱背后正式的和非正式的原因分类。"他继续说，"我草草写了一张各段落小标题的清单，你可以随便加其他的进去。"

那么这些蛇状物体就是段落小标题了，我把纸递回给他，说："我们逐题讨论更好。"

大约 20 分钟后，我有了一份完整的清单，我估计那叠材料大约有 70 个报告，我到底需要多少时间阅读并写一份详尽的内容分析呢？不会少！这项工作真闷透了，但还得硬着头皮去干，我不能把机会拱手让给韦逊的任何一位博士生。

这就是交易，我教授课程并负责那些吃力不讨好的工作，然后才有幸写论文的第一轮草稿，然后是第二轮、第三轮……而在每份稿上，韦逊的名字总是在我之前。

我还是不要这样想，这确实是他的课程和他的构思，而我也的确需要发表论文，我必须杜绝一切负面思想，并且为得到这个机会而感激。

我告诉他关于我的学生所发现的现象：职位越低的经理，就越会把矛头指向公司内部，而不是只指向公司外部。

"非常有趣。"他评论说。他想了一会儿，然后拿起那叠材料，开始翻动，我则继续我的工作。约 10 分钟后，韦逊把材料放下，开始在房间里踱来踱去。

"非常有趣。"他最后说，我按住自己，不去提醒他 10 分钟前也是同一句话。

"李查德，我认为我们应该把这个有趣的发现定为论文的中心，我们的多个个案肯定能印证这个论点，44 个不同机构，来自非营利性服务组织以致工业界，78 个不同项目，投资额由少于 3 万美元到超过 3 亿美元，这个现象几乎在所有个案中出现。李查德，这实在太棒了！我们终于找到一些重要的东西了，作为这份令人印象难忘的深入调查的核心，我们甚至应该以此作为论文的题目。"

把鸡毛蒜皮的小事吹得那么大，但他的确是包装论文的专家，我不打算和他争论，但……

"韦逊，"我踌躇着说，"看这叠报告时，我留意到另外一件事。"我在那叠材料中尝试寻找佛烈的几页，"它在哪？"

韦逊快要不耐烦了。我找到了，递给他，"读一读财务状况。"

他很快就找到了那一段。"好吧。'由于成本超出预算（16.2%）和生产上的延误，原先预估的 3 年回本期需要修正为 5 年'，一个很平常的例子，你想指出什么？"

"成本只超出预算 16.2%，不可能导致回本期延迟多过半年。"

"那又怎样？"

"但他们必须把预估回本期由 3 年延长至 5 年。顺带提一下，写报告的人是项目审计员，他说有人已经准备把正式的预估回本期推延至 7 年。"

韦逊依然不懂我的意思，这并不像往常的他，我继续耐心地说：

"如果成本超出预算不会导致回本期出现这么大的调整，那么问题一定是出自项目的延误。"

"似乎是这样。"他又开始踱步，"似乎是这样。"他重复地说。"让我想想，你是说，严重的财务困难并非源自支出太大。"

"财务上，逾期要比超支严重得多。"我强调。

"就这个案来说，你是对的。"

"在其他 6 个个案中，我也遇到这种情况。"

"其余的呢？"韦逊似乎不太热衷。

"我不知道。"我承认，"就如你所说的，在大部分的个案中我们都没有逾时和超支的实际数字，回本期就更不用说了。"

"真可惜。"他说，放下佛烈的报告，"这可能是个有趣的额外题材，但不要紧，我们已经有足够的资料了。"

"韦逊，暂时不谈这篇论文，我认为这是很重要的一点，值得向学生特别指出。"

"独特倒是，重要？如何重要？"

我并不放弃，说："同一份报告指出，他们宁要较便宜的供应商，也不选那些较可靠的，你认为他们因此可以省下多少钱呢？"

"我怎么知道？大概 5%吧，不会太多。"

我继续说："你也可以看到，机器供应商的延误其实是整个项目延误的主因。"

"我明白你的意思了。"他再次拿起佛烈的报告细看，最后他说："那么，他们在购买机器上省下 5%，大概少于项目总投资 3%。"他慢慢地说下去："而这省下来的钱，就把项目回本期由 3 年延长至……"他停下来。

"就是为了省下少得可怜的 3%支出，把好端端的项目弄得一败涂地。"我总结说。

"李查德，你冷静一下。我们做了很多假设，问题并非如此简单。"

我不知道他在说什么，事态太明显了，很多公司都只顾省钱，连项目的真正目的在于赚钱而非省钱也忘掉了。

我大声说："现实就是，他们试图减少几个百分点的支出，却导致回本期拉长1倍。"

"对，这算你对。但并非如此简单，我们要替整个项目的投资付款期分布做假设，然后是项目完成后资金回笼期分布的假设，即报告里马来西亚工厂的盈利。我们还应该把利息和通货膨胀因素算进去，还有机器折旧率和工厂产品的寿命，这个数学模型会相当复杂。"他举起手，阻止我回应他的话。

然后他坐下来，说："我可以告诉你，这是个好主意，好到不能不查清楚才放出去，你试找找所有关于这个题目的文献，如果能够找到缺口，我就去说服费沙搞一搞数学上的东西，你知道他是这方面的专家，可能行得通的，对，行得通。"

"你不认为我们应该把这个插进调查报告论文之中吗？它能以实例来支持那个数学模型啊。"我说。

"我们没有必要只为了支持数学模型而把两篇论文合而为一，事实上，我可以打电话找找去年的学生，而你也可以找找你的学生，我们或者能够收集到欠缺的资料，写成第三篇论文。"他说。

我对此感到非常不安，这一定在我脸上流露出来了，因为韦逊突然爆笑。"李查德，李查德，你什么时候才能长大？什么时候才能面对现实？我们从来不把两篇论文合二为一，只会把两篇变成更多篇。"

他走过来拍拍我的背。"终有一天，我们会令你成为大红人。"然后他就朝着大门走去，开门时，他问："学生有没有因为你布置的作业而造反？"

"快了，快了。"我笑着说。

"这将是另一篇上佳的论文，我们继续炮制吧。"他以这句智者之言做总结，离开了我的房间。

"韦逊，等一等，韦逊。"他没有听见，我从后面追上去，最后在电梯附近截住他（他走路的速度真是惊人），我拉他到一旁，然后问那个自从上次与玛丽安讨论后就一直困扰着我的问题。

"我听闻一些关于学院要削减预算的谣言，"我很小心，没有把我的消息来源泄露，"我转入永久职系会不会受影响？"

"不用担心，李查德。"

"但我的确非常担心，你知道这对我是何等重要，我不会有第三次机会的。"

"李查德，一切顺利！你会获得批准转入永久职系的，这是你的表现赚回来的，实至名归，所有人都认同。我亲自向评审委员会所有委员查问过，困扰你的应该不是永久职系，而是能否晋升为讲座教授，你在发表论文方面还距离要求很远很远，你是不是应该开始主攻这要害的一关？在论文上多下功夫吧，这是你的未来。"

"那么削减预算又是怎么一回事？"

"不用紧张，那只是云柏妍和院长之间的游戏，一场高层政治角力，但我可以向你保证，与你完全无关。"接着，他便走进了电梯。

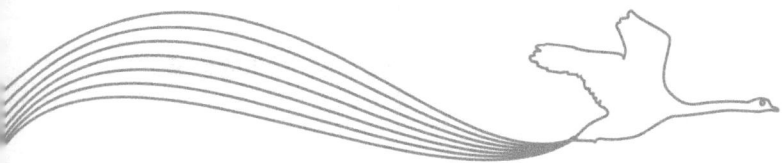

9

专　注

Critical Chain

"有谁熟悉计划评核图（PERT）和甘特图（Gantt Chart）？"我（李查德）问。

差不多全班都举手。"你所指的'熟悉'是什么意思？"露芙问。

由于没有更好的答案，我说："能纯熟应用。"

"那恐怕我并不熟悉了。"

"露芙，我不是要你写有关两者的博士论文，你见过甘特图没有？"

"有，不止一次，但简短的重温会有帮助的。"露芙答。

从其他学生的表情看来，希望重温的人并不止露芙一个人。其实，我并没有预料到这种情况，在学士课程中，他们应该学过这方面的基本知识了，我收集了不少图表实例，可以用来详细解说，但我没有带来，太可惜了，我是否应跑回办公室取呢？去取会浪费宝贵的时间，我就即席解说吧，难不倒我的。

"就让我们用一个非常简单的例子，演示有关的概念。"

"好。"露芙说，全班笑起来，没有学生会喜欢复杂的例子的，我也一样。

我未决定应该用哪一个例子，就开始解说："比如，一个项目是要……兴建一个工厂，我们先要把工厂建成，然后令它发挥各种功能。"

在露芙要我解释"发挥各种功能"之前，我继续说："供水、安装电线、压缩气管等，我们又要挑选制造机器的供应商，并给他们足够时间制造我们需要的机器。一旦建筑物各种功能都齐备了，机器也来了，我们便可以安装，而整个工厂也就万事俱备了。"

"你还忽略了聘请和训练员工。"佛烈提醒我们。

"那又怎样？"泰德比我更直率，"很多其他细节也没有提及呢。"

"不要把例子弄得太复杂。"我告诉佛烈，并请他到白板把相关的计划评核图绘画出来，他信心十足地走上前，不到两分钟就把图画好了（见图5）。

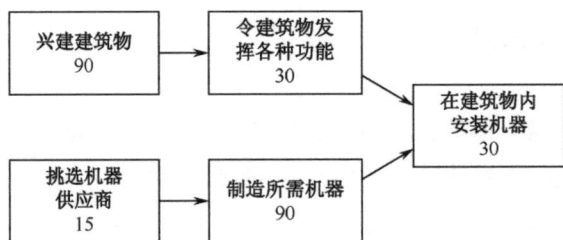

图 5

"你可以给各个步骤定出预估时间吗？"我问他。

"乐意之至。"作为一个财务经理，他禁不住问："投资额也要预估？"

"不用了。"我答。

待他完成，回到座位后，我说："根据佛烈定出的数字，兴建建筑物需时 90 天，而令建筑物发挥各种功能要 30 天，总共 120 天。"

"佛烈，你怎么会用上这么不切实际的数字？"泰德大喊出来。

"我凭空想象。"佛烈平和地回答。

我不理他们，继续说："挑选机器供应商需时 15 天。"

"佛烈在做梦吧。"泰德说。

我冷冷地瞄了泰德一眼，他连忙表示歉意。我继续说："而供应商制造所需机器要 90 天，在建筑物内安装机器还需要 30 天，哪一条是关键路线呢？"

"建筑物。"泰德今天很勇于发言。

"为什么？"我问。

"因为，根据佛烈荒谬的数字，建筑物需要 120 天，而机器只需要 105 天。"

"你太快做出判断了。"我告诉他，"关键路线的定义是最长的一串依存步骤（dependent steps），以时间计算。"

"我知道。"他急躁地说，然后才缓慢地继续，"关键路线就是那条经过 3 个步骤的路径（path），即兴建建筑物、令建筑物发挥各种功能和在建筑物内安装机器，共需时150天。"

我提醒大家："关键路线决定了整个项目的完工期，关键路线上任何延误都会延误整个项目，所以项目经理一定要特别留意它。"

我的话没有人质疑，但想到他们处理项目的经验，这是理所当然的。

"如果关键路线的起点时间是0，那么按照计划，项目应该在第150天完成，我们应该在什么时候开始另一条路径——挑选机器供应商呢？"

"我们根本不用急。"白赖仁主动提出答案，"我们可以在第15天才开始挑选机器供应商。"

"什么？"泰德大叫。

我示意泰德冷静下来，然后叫白赖仁在白板上画上相应的甘特图，他轻易地画出来了（见图6）。

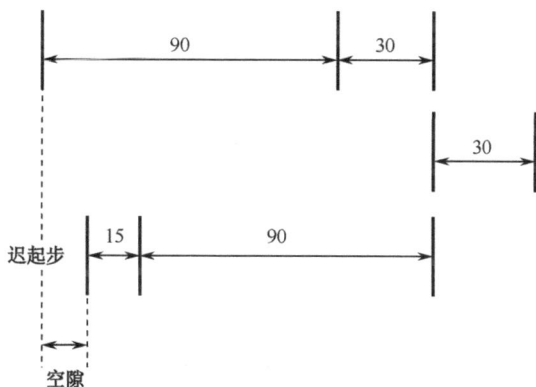

图6

"挑选机器供应商，白赖仁选择了迟的起步日期。"我说，"但是，正如大家刚才都听到的，泰德可能另有建议。泰德，与其向我们做长篇演说，何不在白板上画出你的甘特图？"

这使他惊愕了一阵子，但只是一阵子。一完成他的图（见图7），他就转身向白赖仁进攻："我真不知道你的脑袋充斥着的是什么东西，你竟然告诉我，在你管理的项目中，真的选择在最迟的时间开工？难怪你的项目都延误了。有空闲时间，就必须利用！这就是我的戒律。"

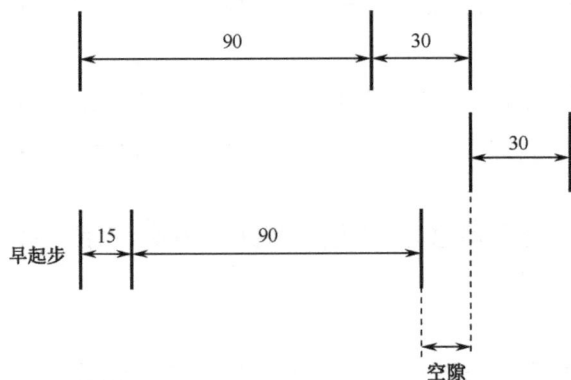

图 7

"好了，泰德。"我叫他冷静下来，"你可否先回到座位，好让大家能看看你画的图。"

我向全班指出："甘特图跟计划评核图有区别，它会牵涉一些决定，即决定每条路径在什么时候开工。在挑选机器供应商的问题上，白赖仁选择了迟的起步日期（late start），而泰德则选择早的起步日期（early start）。"

"当然要早。"泰德几乎在怒吼，"冒不必要的风险，用意何在？"

佛烈反驳说："用意在于，把投资推迟，直到必须用钱的时候才用钱，难道你不认为这是同样重要的吗？"

"我不肯定。"泰德回应，很明显，他的立场开始动摇了。

"这是关于优化（optimization）的问题。"白赖仁满怀自信地说，"我们应该把押后投资所省的钱与项目延误所带来的损失做一比较。"

我最憎厌的东西之中，优化是其一，有关这个题目的论文非常之多，全都牵涉数学模型，阅读既花时间又费神，而根据我的经验，它的实际用途极少，但我可以做些什么呢？这却真的是一个关于优化的问题。

露芙举起手，挑战终于来临了，看来我马上要被逼写出优化方程式，然后教大家怎样化解它。这堂课余下的时间会变得沉闷和毫无意义，况且，我从来没有用心记下有关的计算方法。我一边叹息，一边打开笔记簿，并示意露芙问她的问题。

出乎意料，她一开口就说："我不认为这只是如何用钱的问题，它和管理手法关系更大。"

"请解释。"我努力掩饰我的疑惑。

"项目通常有很多路径，远比这例子复杂。"

"当然。"

"如果所有路径都在最早的起步日期开工，你不认为项目经理会疲于奔命吗？"她继续说，"根据我的经验，如果我在同一时间开始多项工作，必然会无法集中，而无法集中就是项目经理的大忌。"

我从来没有从这个角度想，为了争取时间，我问全班："你们认为呢？"

"有道理。"查理回应，"非常有道理。回顾我以前的经验，露芙指出了我经常犯的最严重错误。"

差不多所有人的表情都显示他们同意查理的看法，唯独佛烈保持着他的扑克脸。

"佛烈，你认为怎样？"我问。

"我认为，除非投资额很高，露芙提出的这点远比押后投资的考虑重要。"

过了一会儿，我才明白了他其实是同意露芙的看法。他继续解释："如果项目经理不能专注，项目必然会延误，项目所带来的收入也必然会被推迟，这造成的金钱损失几乎比任何因素都大。"

没有人争论，包括泰德。

"非常好，露芙。"我赞赏她，"看来你已经一针刺中问题所在了。"

"我还未说完。"她推却了我的恭维，我等待她说下去。

"你可否重复一次，关于集中注意力于关键路线上的重要性？"

她问。

我摸不着头脑，她究竟想指出什么？我当然不介意把话重复一次："关键路线决定了整个项目的完工期，关键路线上任何延误都会延误整个项目。"

"如果其他路径都用上迟的起步日期，项目是不是也有延误的危险？"她毫不着急地问。

我必须仔细想清楚。"如果一条路径采取迟的起步日期，它就完全没有空当时间，这就是说，路径上任何延误也会导致项目延误。"我边想边说。

"正是。"泰德插嘴说，"如果所有路径都采取迟的起步日期，那么所有路径都会变得同等重要，我们就必须专注它们所有，和专注说声再见吧。"

"专注所有事情就等于完全没有专注。"我同意他的说法，"那么，我们应该怎样定位呢？如果项目经理采取早的起步日期，他们就无法专注；如果采取迟的起步日期，专注也根本不可能，我们必须找出一些方法和指引，帮助他们专注。"

"专注是重要的。"其中一位学生说，"但还有很多其他事情也同样重要。"

"我可以说几句吗？"佛烈被挑动了，他站起来说，"我们这些审计财务的人都非常清楚，一旦项目获准动工，只有一件事情是重要的，一件，不是多件。如果项目经理能保持专注，所有问题最终都能迎刃而解，如果不能专注，休想项目会带来什么好处或效益，我们只能祷告，祈求损失不至于太惨重。"他发表了意见，然后坐下来。

"还有其他人想发表意见吗？"

"有。"马可说。我示意他提高声调，两分钟前，我还在担心这堂课会变成非常沉闷的数学课，现在我面对的却是一场十分热烈的讨论，这太好了，教育本应是这样——与现实生活紧密联系。

马可清一清喉咙说："你们当中如有人不明白为什么专注那么重要，就让我提醒你们，项目进行时，墨菲一定会突袭，而且不止一次，我的经验可以告诉你们：如果项目经理不专注或不能保持专注，任何突发事故也能把整个项目变成大灾难。"

"听听，听听。"班中大概有人是从英国来的。

"那么，我们应该怎么办？早的起步日期不行，迟的起步日期也不行。"

"用不迟不早的起步日期？"有学生在开玩笑。

"怎样？"我问，我自己也不知道答案。

查理说："我一直都在说，我们需要更有效的方法去管理项目。"

"这就是我们来这里的目的！"马可洪亮的声音在轰鸣。

我发觉自己已经钻进了死胡同，撑着镇静的表情，我平和地说："或者我们可以从另一个角度着手？一个合适的控制机制应该能够令我们保持专注。"

所有人都沉默下来，没有人明白我在说什么，包括我在内，但沉默很快就被打破。

"你这样说是什么意思？"露芙问。

我提醒自己，当你身陷洞中，就停止挖掘。我正想招认自己被卡住了，并想指出这不是我个人的问题，而是当今的项目管理知识也解决不了的问题，钟声救了我，不，不是钟声，而是比钟声更响的声音——泰德。

"事情最明显不过！"他向露芙大声喊，"所有人都知道什么是控制机制，它衡量项目的进展。"他转身向着我，说："但问题是，等到进展报告显示有麻烦时，通常已经太迟了。"

"对。"一个身材消瘦、坐在第二排最末座位的学生支持他的说法。

"你叫什么名字？"我问。

"嗯……汤姆。"

在他缩回他的贝壳之前，我请他解释，为什么进展报告通常太迟才发出警号。

他没有回答，佛烈为他作答："进展报告会告诉你：花了一年时间，项目的 90% 已经完成了，而剩下的 10% 又需要整整一年。"

全班大笑起来。

"似乎你们的体会和佛烈的一样。"我终于说。

很多人点头。

我如释重负地说："看来，我们应该讨论一下你们是怎样控制项目的进展的。"

我们很快就掌握了项目的进展实际上是怎样量度的，方法和一般书本及论文中读到的差不多，就是把已经付出的工作量或投资，跟仍未付出的做比较而定出的。在这班学生的所有项目中，包括那些有里程碑（milestones）条款及根据进展而付款的条款，这些衡量方法都没有把关键路线和非关键路线的进展区分开来。

"有谁能够预测，这种衡量进展的方法会带来什么影响？"我问全班。

"这会鼓励尽早启动每条路径。"白赖仁很快就留意到，"这种衡量方法导致项目经理从一开始就不专注了。"

查理还有所发现："而且，这还会令项目经理继续保持不专注。"

"为什么？"

他解释："因为根据这种衡量方法，一条路径取得的进展会补偿另一路径的延误，那么，我们其实就是在鼓励一条路径快速进展，虽然另一条路径正被延误。"

"这有什么不好？"马可问，"如果我在一条路径遇上麻烦，为什么不转往另一条路径用力呢？"

"最终它们都会合拢的。"查理提醒他，"你在其他路径所赚取的进展，最终都要等待那条延误了的路径。你投资得太早了，而更糟糕的是，你忽略了最应该专注的东西，就是那条延误了的路径。"

马可没有回答，似乎若有所思。

查理继续对他说："一个目光短浅的项目经理，会不理会停滞不前的路径，转而理会其他的，而衡量数字依然显示项目进展顺利，项目经理看来大有成绩，他的光彩会维持一段时间，一段相当长的时间，直至所有其他路径都完成了，剩下那条有麻烦的路径还在挣扎，这时候整个假象就会幻灭。马可，我不是针对你，我以前也犯同样的错误，只在 15 分钟前，我才变得聪明起来。"

"谢谢你。"马可说，"但我依然要想一想。"

我不急于打破教室里的沉默，这种情况并不会每天都发生在一个教授身上，学生正在学习一些可以在现实生活中应用的重要知识，学习并认同它，老实说，这还是我第一次这么做。

难怪当佛烈冲口而出："现在我终于明白了。"我觉得很没趣。

"什么？"我的语气有点儿粗暴。

"现在我终于明白，为什么无数项目需要那么长的时间才能完成最后的 10%，那是因为我们衡量项目进展时，忽视了关键路线的重要性。我找到了敌人，那是我自己，我就是负责编写项目进展报告的人！"

这班学生真不可思议！

我转入车道，猛然踩住刹车器，惊魂稍定，我走下车去检查车头，车子和这辆明亮的白莱萨轿车之间大约只有容纳一张烟草纸的空间，车上有临时车牌，为什么茱迪不告诉我今天晚上有客到？

我绕着这个华丽的工程艺术品走了一圈，这正是我梦寐以求的东西，将运动型和实用性结合、四轮驱动、宽敞、结实，但它现在只是一个捉摸不到的梦想，这玩意儿差不多值我一年薪金。我走进屋子里。

没有客人，茱迪正在洗澡，桌子为两人而摆设，桌上放着两支红蜡烛。蜡烛？我走回那辆白莱萨轿车，查看车子的登记资料，我该怎么办？太离谱了！我回到客厅，调了两杯酒，然后坐在椅子上等她。

她终于出来了，她很美，换了新发型，我不记得见过那对耳环没有，但还认得那条长裙。她坐到我身旁，拿起一杯酒，然后望着那金色的液体问："你喜欢你的礼物吗？"

那么，那是我的礼物了。

"你喜欢那颜色吗？银色是我们的颜色，你认为怎样？"

我再喝了一口。

"我知道你是多么渴求一辆运动型的车，是换一辆像样的轿车的时候了。"

"我可以等。"

"你的车快要支离破碎了。"她偎在我的怀里。

这不会见效的，这次一定不。"茱迪，我们怎样买它？"

"甜心，我们会有办法的。"她用红唇轻吻我的脸。

我尝试把她带回现实。"我们负担不起。"我说。

"噢，宝贝，我们负担得起。"她解松我的领带，然后转向衬衫上的纽扣……"你快要转入永久职系了，况且，你多次告诉我，不用多久就会成为讲座教授了。"她轻吻我的胸部。

我抓住她的肩，把她轻轻推开，然后慢慢地、一字一字地说："我们现在买不起！"

她望着我，然后站起来，"李查德，自从我们结婚那天开始，我就不停地听见同样的一句话，'我们负担不起'，'我们负担不起'，我不能再听下去了！我等了多年，待你完成学业，当你的朋友已经发了财，而你还在教育界打滚时，我没有半句怨言，我已经受够了，我要好好生活，现在就要。"

"茱迪，现实点吧。事实是我们现在的确负担不起，我们借了别人多少钱你是知道的，我们连二手的小霸路也买不起，你也是知道的，而你竟然买一辆全新的白莱萨轿车？"

"听好，李查德。"她把双手搁在腰间，"我不要再听下去，不要说我们现在负担不起，要耐心等待，终有一天……"

"但是，茱迪。"我尝试使她冷静下来，"这就是命运。"

"命运！你竟然胆敢跟我谈命运！我不再听你胡扯。"她开始哭，"听一次已经太多了。"

这真伤透了我的心，几年前我说："我们负担不起养孩子，现在不行。"一年前，茱迪发觉她再也不能生育了。我站起来拥抱她，拥抱是很差劲的补偿，新房子或白莱萨轿车或许不同。

10

常识和逻辑

Critical Chain

"第一轮草稿，算是不错了。"韦逊把我们的论文放在桌上，"我在需要改动的地方都画上了记号。"

第一页就像患了严重麻疹，花斑斑的，我再看看其余页，麻疹传遍论文的每个角落，就连图表也不能幸免。我见怪不怪，韦逊处事一向一丝不苟，这我老早就预料到了，我一边叹息，一边把它放回桌上。

"这将是一份佳作。"他鼓励我，"要通过任何编辑的关口，我不觉得有什么问题。"

"它能够在这个学年结束之前发表吗？"我问。

"如果我们走运的话，应该可以，但重点并不在这里，这篇论文必定会发表出来，但你需要的是发表更多论文。顺便提一下，我跟费沙谈过设计数学模型来研究项目延误对财务的影响。"

"怎么样？"

"他没有兴趣。"他说。

我感到很惊愕，这不像费沙，他是从什么时候开始推辞开发数学模型的机会的？但以韦逊高超的说服力也不能说服他，我再找他谈，根本没有用。"那么，我们有什么选择？"我问，有点儿气馁。

"你可以等，直到我能腾出时间和精力去搞……"考虑到这个点子其实并非出于韦逊本人，这就意味着永远拖下去。"或者你可以自己搞数学模型。"那简直是开玩笑，绝对不行，"就是这么简单。"

"还有第三个选择。"我说，"我可以发掘一些新的点子。"

"而放弃研究项目延误对财务的影响？我真不明白，李查德，你说时下绝大多数论文都是废话连篇，如果不是我强迫你跟我写点东西，你根本就不会发表任何论文，你终于想出一个实际并可以转化为不止一篇而是两篇论文的题目，现在又居然想放弃？只是因为你怕搞那些数学上的东西？"

他看看我的扑克脸，补充说："何况，你从哪儿找来好的、新的点子？"

"我有，两个。"

他滔滔不绝地说："4 年了，完全没有新点子的影子，现在居然有大量灵感涌现？你醒醒吧。"

"我有点子，足够写两篇有分量的论文。"我重复。

"你有点子，足够写两篇论文？"他嘲讽地用小指挖挖耳朵，"再说一遍。"

我保持木然的表情。

"就谈谈你的点子吧。"韦逊非常怀疑，几乎要发怒了。

"乐意之至，我先说说灵感出自何方。它们不是我的产物，而是我和学生集体讨论时发掘出来的。"

"呀，"他突然若有所悟似的，"就是那类点子？"

"这是什么意思？"我有点儿被冒犯的感觉，他摆摆手，要我息怒。

我开始解释："第一个点子围绕着一个问题：到底应该采取早的起步日期还是迟的起步日期。"

"你想搞优化的研究？你？这就是你所指的有分量的论文？"他站起来，踱来踱去，盘算着怎样敲开我的脑袋。"你可知道有多少篇论文已经以此为题材了？最有数学头脑的人都要用上多年时间研究当中细微的环节，你怎么可以指望……"

我在算着，他一连问了 5 个问题，韦逊今天很不耐烦，他终于留意到我的表情，然后停下来。"你有见解，能够从完全不同的角度去看这个问题？"他思忖。

当我证实后，他开始聆听。我说了一会儿，他就问我相关的问题。我回答了，他又问另外一些问题。

"让我看看有没有误解，李查德，外面有数以百计的论文谈及非关键路线早的和迟的起步日期，对于这些花了一番心血研究而写成的论文，你的评论十分简单：它们全在浪费时间！"

他停下来让我发言，我正想张口答话，但我可以说些什么呢？说"是"实在有点儿自大，但我不愿意给予其他答案。

韦逊代我说："你下这个结论，是因为你认为他们只着重次要的问题而忽略了较重要的？"

在我有机会表示我同意之前，他继续说："你说最重要的是项目经理的专注能力，早的和迟的起步日期都会危害他们的专注能力，虽然程度不同，而你总结说，忽视这个问题就是忽视了整个问题的核心。"

我想开口去解释原因，但他不等我发言，又接着说："说来有点儿奇怪，我竟然同意你的看法，百分之百同意。"

我闭上嘴。

"我说了那么多，是想向你证明我真的明白整件事。好了，现在我告诉你，我非常失望。"

我厌倦唯唯诺诺，于是保持沉默。

"你不认为这个——我该怎样叫它？——有趣的观察，是完全不切实际的吗？"

这样说太过分了，然后我发觉他是对的。"如果我们不能够提议每条路径的最佳起步时间，它的实际用途就很有限。"我承认。

"你仍然不明白我的意思，是不是？"韦逊摇摇头。

很明显，我不明白。

"听好，李查德。"他很有耐性地说，"你不能用数学方程式来显示一个人的专注。"

"所以呢？"

"所以，这个问题是不能用数学方法来解决的。"

我还是不明白。"但可以用逻辑来解决。"我坚持，"我们已经知道应着眼的地方，继续思索，必然能够找出一个合乎逻辑的程序，这对项目会有极大帮助。"

他还未被我说服，我继续努力："韦逊，我不想你觉得我很冒昧，但我经常梦想找到这样的突破。一些卓有成效的理念，例如，及时生产系统（Just-In-Time）和全面质量管理（Total Quality Management，TQM）都不是建立在数学基础上的，这些方法威力那么大，是因为它们建立在常识和合乎逻辑的程序基础上。我知道我们离突破还很远，还没有找到答案，但我们起码已经找出了正确的问题，你必须承认，我们的确迈进了一大步。"

"没有用的。"他叹息。

"我不明白你是指什么。"我诚恳地说。

"李查德，你在学术界已经超过 10 年了，是该了解一下学术界游戏规则的时候了。如果你想往上爬，就一定要发表论文，而发表论文，就一定要迎合公认的学术标准。你是知道那些标准的，论文一定要基于调查或数学模型，就是这样。"

"但是，韦逊，及时生产系统及全面质量管理等理念又如何？根据你刚才所说的，它们都不够学术性了，但是，所有大学都教授这些理念。"

"它们通过了事实的考验。"

"但其他新的突破呢？"

"如果你找到一个，你可以写书发表，书本并不需要通过学术评论员的评审，但你要谨记，书本对争取讲座教授职衔是不算数的。"

"我全都知道，但这实在荒谬！"

"为什么？"

"韦逊，你对我讲过不止一次了，说企业界几乎所有范畴的现有知识还远远未达到满意水平，另外，有一大群人理应有办法改变这种局面，全世界的商学院里究竟有多少教授呢？10 万个？而我们贡献了些什么？什么都没有，过去 30 年里，各方面的知识都大跃进，但其中有多少个突破来自学术界？零。你不认为我们评定研究的标准就是问题所在吗？它扼杀了我们，我们几乎没有可能在这个机制下做出有意义的贡献，我们怎么可能……"

他举起手，阻止我发言，然后说："你不喜欢这个机制，我也不喜欢，但为了避免学术界进入无政府状态，所有人就必须根据标准办事，就像民主政治制度或司法制度，它们可能有重大漏洞，但仍是无可取代的。"

他瞥一瞥手表，"你的另一个点子呢？"

"别提了。"我苦涩地说，"它对项目很重要，极其重要，但不切实际，它不是基于数学模型的。"

"但我还是想听听。"他有礼貌地请求。

"有什么用？"话虽如此，了解到韦逊对衡量方法特别感兴趣并曾经以此为题出过一本书，我说，"那是关于衡量项目进展方法的，现行的方法是错的。"

"你怎样得出这个结论？"他极感兴趣，"是否用上了我定出的原则？"

"对，当然用上啦。"然后我凭记忆背诵出来，"'第一项原则，衡量方法应该引导系统各部分做对系统整体有效益的事'，但我们现在衡量项目进展的方法恰恰相反。'第二项原则，衡量方法应该引导管理人员留意值得留意的地方'，但在很多项目中，现行的衡量方法却引导他们去管别的东西，这是多么荒谬，多么有害，以我看来，这就是导致项目惨败收场的祸首，但这还不足以令它成为一篇学术性论文的题材。"

他向我微笑，然后轻声说："你一定要冷静下来，我建议你跟费沙谈一谈，他可以帮助你。"

"对，当然啦。"我最不想要的，是又一轮讲述优化技巧如何重要的大轰炸。

"下次会和你想象的不同。"他回应我的表情说，"去年是费沙的休假年，但他没有待在另一所大学里，他在优尼公司里度过了整整一年。"

"凭他的数学技巧，就能假装为该企业集团节省了一大笔钱，他真有一手。"

"请你不要发表对个别教授的看法。"韦逊笑着说，"费沙在那里学会了一个新方法，肯定可以吸引你。那个方法是关于构建合乎逻辑的程序，正是你现在渴求的，包括基于因果关系的分析、化解冲突的方法和有系统的常识，没有数学。"

他在说什么？我真的不在乎。

"你不在乎，是不是？不要紧，你只要参加下一次学院讨论会就行了，费沙是主讲人。"

有什么大不了？

11

两个世界爆发冲突

Critical Chain

李查德很迟才进场，狭小的礼堂几乎座无虚席，这令他感到意外，可能大家都听说这个研讨会将与众不同吧。韦逊已替他留了位，并向他招手，看来他这一次不能只逗留 15 分钟便溜走了。

"谢谢。"李查德说，他刚好在费沙开始演说前坐下。

费沙说："我坐在这儿看着礼堂逐渐坐满人，心里想，这些人全为我而来，真令我飘飘然，我简直是个名人！但仔细想想，博士生是按规定一定要来的，教授们出席则是出于礼貌，工业界重量级人物来了，不是因为我，而是因为简报会的题目。唉，我还是认命好了。"

李查德跟随大伙儿，发出礼貌的笑声。

费沙离开演讲台，在台上来回踱步。"我被要求做一个简报，报告我在休假年到优尼公司学到的新事物，但我必须提醒大家，短短一年不足以令一个人成为专家，仅能让我得出一点儿印象，今天我能够和你们分享的，就是这些印象。"

"太好了。"李查德想，"费沙是不会把数学模型称为'印象'的，但费沙一向高深莫测，我还是仔细听听好。"

"今天的优尼公司，大名鼎鼎，大家都知道这家大企业取得了闻所未闻的高速扩展和利润，而我们这个社区对优尼公司尤其感兴趣，因为它正在这里筹建庞大的高科技分公司，其增长不单单在高科技，还在于公司旗下的所有业务，无一例外。我拿到的研究经费中包括了一笔可观的舟车费，所以，相信我，我是亲身查核过的。"

"那才是我心目中的研究经费啊。"有这种想法的教授大概不止李查德一个。

"很明显，他们用一套独特的方法管理他们的事业。"费沙继续介绍，"而他们从没掩饰，他们称为制约法（Theory of Constraints，TOC），但什么是 TOC 呢？我一直尝试牢牢掌握它的概念和架构，而不是细节。"

正如其他人一样，李查德在过去 10 年越来越多地听到 TOC 这个名词，以他听闻或阅读过的资料来看，似乎都很有道理，但 TOC 仍在不停地演进。起初它好像和生产程序编排有关，后来它演变成进攻‘产品成本’等传统企管概念的旗手，之后 TOC 提出了关于营销的崭新概念，近来又推出看似化解和避免人与人之间冲突的方法。如果今天费沙能够从这堆杂乱的东西中带出一些条理来，那么在这里坐上一小时也是值得的，但不要超过一小时。

"我所得的印象是——"费沙边说边开动其中一架投影机。"TOC 是由 3 个不同却相关的突破组合而成的。"

他放上第一张胶片。"第一个突破，TOC 其实是一套崭新的管理哲学，正如大家推测的那样。"

"又来一套管理哲学。"李查德自言自语。

"过去 10 年内，"费沙来回踱步，仿佛附和李查德的不满情绪，他说，"新的管理哲学一个接一个地出现：TQM、JIT、企业改造（reengineering）、学习型组织等。起初，以我们看来这只是一些时尚玩意，频频变动，十分混乱，没有人喜欢这种情况，尤其是我们当教授的，要被逼频繁地更新我们的教材。"

"但后来，我们开始领悟到每个理论其实都有其重要贡献；再者，和以往的不同，这些新哲学并不互相排斥和冲突；相反，它们往往能互补不足，不少人开始相信它们其实是同一幅拼图的不同组块。现在，经过研究 TOC，我相信我已找到真相，拼图的假设是正确的，而且比我们想象中更引人入胜，我将展示给大家看。"

他走回投影机，指着第二行。"在我心目中，第二个突破，也是 TOC 提倡的研究方法，一套从传统基本科学演进过来的方法，适应的系统不仅包括原子和电子，还包括了人。"

"第三个突破，当然是令 TOC 驰名于世的一系列扎实的 TOC 应用专题。"

他停了停，回到演讲台，指向银幕上的 3 句："崭新的管理哲学、研究方法、扎实的应用专题。我想最能展示这 3 点的，莫如这个问题：现今管理人员最大的难题是什么？谁愿意告诉我？"

一个满头银发坐在前排的人首先回答："在竞争中制胜之道！"

李查德认不出他，这必定是工业界大人物，他的答案听起来平凡，却言之成理。

"还有其他答案吗？"

"我另有想法。"另一个经理说，"我认为真正的问题在于如何激励员工力争上游、不断改善，我们常听到授权、沟通和团队作业精神的重要性，但实际上如何才能做得到呢？却很少听闻。"

"他说得有道理。"韦逊向李查德耳语，李查德却不那么确定。

"在我的公司，应付对手和激励员工都不是问题。问题是如何缩短开发新产品的时间，TOC 有解决方法吗？有的话，我倒十分有兴趣。"

"我也是。"李查德想，并低声问韦逊，"他是谁？"

"赞厘模顿公司主席普曼。"韦逊答，"他有些员工正参加我们的课程。"

"我另有难题。"普曼身旁的人说，"最大的难题是客户，他们简直逼人发疯！"

更多的答案自四方八面涌现，费沙举起手说："OK，我肯定你们的所有答案都有独特之处，但请不要忘了今天的题目。"

会场平静下来后，他继续说："根据 TOC，大家刚才说的通通只是症状，TOC 认为它们全部源自同一个核心。如果能证明这句话正确，意义就十分深远，我将如何验证它呢？"

他再次踱起步来。"首先，让我们从一个现象开始，那就是，大部分管理人员希望能有效管理，我相信不会有很多人每天早上问自己：'我今天应该怎样把公司搞垮呢？'但是，究竟怎样才算有效管理，答案其实很多，就今天的讨论而言，我们不必把它们全部列出，大家只要同意两个必备条件（necessary conditions）便足够了：为了有效管理，管理人员必须控制成本并同时必须保障有效产出，即他们得保证符合要求的产品会送到需要的客户手中，最终令客户满意地付钱。"

他停了停，面向观众，张开双手说："假设你的其中一位经理告诉你，他控制成本非常出色，能把开支减少两成，但会同时得罪一半的客户，你会认为他是好经理吗？如果另一位经理保障了有效产出，能够如期运送所有货物，但方法是大量增聘人手，以及要求员工无休止地加班，他是好经理吗？"

"我现在才见识到费沙的口才。"李查德评价，韦逊以表情回应，仿佛在说："我早说过啦。"

"控制成本及保障有效产出——两个必备的条件，我们不能只满足一个而忽略另一个。

"我现在想向大家指出的是，它们代表着两种不同的管理哲学观，而两者区别巨大，根本没有妥协的余地。让我用一个比喻作为解释，试把你们的公司看成一条环链，你们不难看到这个比喻的含义。"

他走到投影机前，放上一张空白的胶片，一边画圈，一边说："一个环是采购部，负责买入物料；另一个部门，另一个环，负责启动生产；另一个部门，另一个环，负责完成生产。"一个圈代表一个环，一条环链渐渐在银幕上形成了。

"还有其他环，负责运货、接订单、出发票和收账。"环链越来越长了。

他把笔放下，问："在环链中，用什么来表达'成本'好呢？"他不等我们回答，便提出另一个问题："成本的特点是什么？每个部门都消耗成本，我们付钱给采购部、生产部等，没有任何部门是免费的。如果我们想知道企业的总成本，一个方法是将每个部门所消耗的成本都加起来。"

他停下来，看看我们是否明白，然后继续说："在我们的环链中，和成本性质最接近的就是重量，每个环都有重量。如果我们想知道机构的总重量，一个方法就是将所有环的重量加起来，我们应该怎样继续利用这个比喻呢？"

"这正是我想知道的。"李查德不耐烦地喃喃自语。

费沙继续说："我们将利用它来显示，控制成本意味着一种管理模式。假设你负责全条环链，我是你的下属，负责一个部门，即一个环，现在你下命令要我'改善'！而我很听话，不久之后，回来向你报告：凭我的创造力、时间和金钱，我改善了我的环，令它轻了100克。你对我的环不感兴趣，你关心的是全条环链，但当我说我的环轻了100克时，你知道全条环链就轻了100克，你们知道这暗示了什么吗？"

李查德不知道。

"这暗示了一种管理哲学：任何局部的改善必然会自动演化成全企业的改善。换言之，为达致整体的改善，我们必须发动很多局部改善，我称之为'成本世界'（cost world）。"他停了下来。

"他在胡扯些什么？"李查德恼火了，"一年级学生也懂这个，故弄玄虚干吗？"

"且慢，"韦逊轻声地回应，"费沙一定有所指，虽然我现在还看不出来。"

费沙笑说："你们大概感到奇怪，为什么我提出这么肤浅的东西，但它听起来琐碎平凡，不是因为它是人人都懂的唯一的管理哲学，而是因为我们对它已习以为常，大概自工业革命开始，我们便一直用'成本世界'管理企业了。"

他提高嗓门："很多人都不知道，'保障有效产出'背后是一套相反的哲学，它暗示'有效产出世界'（throughput world），那是什么？"

所有人都默不作声，甚至李查德亦然。

"首先，让我们弄清楚有效产出的本质。"费沙指着银幕上的环链解释说，"这个环是采购部，这个环负责启动生产，这个环完成生产，下一个环是装配部，再下一个环负责运送成品……如果其中一个环跌了一跤，那么公司的有效产出会怎样？"

"下跌。"很多人回答。

"对待有效产出，各个环本身当然重要，环与环之间的连接也不容忽视。"

李查德点头回应。

"在我们的环链中，和有效产出性质最接近的是什么？什么东西不但受各环支配，而且更受各环之间的互动关系支配？答案不是环链的重量，如果我们解除各环之间的连接，剩下来只不过是一个个散开了的环，这堆环的总重量仍然没有变，那么，什么特质最能全面地标志一条环链呢？答案是环链的强度，如果其中一个环，只是一个环断了，那么环链便断了，环链的强度马上跌至零。

"现在，我有一些听起来很琐碎但实际上相当重要的问题问你们，什么东西决定一条环链的强度？"

"最弱的一环。"前排有人高声回答。

"而一条环链会有多少个最弱的环？"费沙故意强调'最弱'两个字。

"一个。"

李查德不喜欢费沙的表达风格，他自己永不故意强调这类琐碎的事物，但他不得不承认这个方法是有效的，现在每个人的注意力都集中在费沙身上。

费沙以强有力的语调说："现在，让我们看看这到底表示什么。你仍然主管全条环链，而我仍然负责一个部门，既然最弱的环只有一个，那么就让我们用一个较普通的例子来看看。假设我负责一个部门，但不是最弱的一环，一如既往，你要求我改善，这一次要我改善强度，不久之后，我回来向你报告，说以我的创造力和投入的时间与金钱，我成功地改善了，我加强了我的环，令它比以前强了3倍，请给我一个奖牌。"

他停了一停，然后笑笑说："不要忘记，你对我的环的兴趣其实并不大，你关心的是环链，我的环并不是最弱的一环，如果我加强它，你的环链的强度会因此增加多少？没有，绝对一点儿也没有。"

韦逊望着李查德说："我告诉过你的。"李查德没有回答，他的脑筋正在飞快运转。

"大家看得清我们现在面对的是什么吗？"费沙又再次踱步，步伐充满一股劲。"绝大多数局部改善对整体都是没有帮助的！"他差点喊出来。"而我们渴望改善的是企业的整体。任何改善都需要精神、时间和金钱，企业整体的改善肯定不是靠推行很多局部改善来达成的，这绝对不是办法。"

"很有趣味。"韦逊自言自语。

"那么，现在的情况是怎样呢？为了控制成本，管理人员必须根据'成本世界'来管理，另外，为了保障有效产出，他们必须根据'有效产出世界'来管理，他们能两者兼顾吗？"

没有人尝试回答。

费沙叹气："我们尝试过，肯定尝试过。例如，你们听过一个名词叫'月底症候群'吗？"

很多人笑了，尤其是来自工业界的宾客。

费沙解释："在月初，我们强调成本控制，严格限制加班，对于批量必须严格根据最优化的规定，但一到月底，省了吧，想尽办法把那批该死的货运出门口，赶那几件鬼东西，整个周末所有人一定要加班、出货！"

费沙压低嗓子说："到底发生了什么事呢？在月初，这些公司以成本世界的原则来管理，月底却转为以有效产出世界的原则来管理。

"在当今环境中，这类公司越来越难生存了，为什么？因为昨天可以接受的妥协和折中，今天已不能再容忍，不是因为我们挑剔，而是客户的要求大大提高了。10 年前，我们有八成货物准时付运，他们已经很满意了，今天，我们九成半如期交货，客户还要吵吵闹闹。10 年前，我们生产最优质的产品，今天，如果我们运出同样品质的东西，一定会被客户退回。保障有效产出是越来越难了，以往我们赖以生存的妥协和折中的空间已不复存在了。

"让我向你们证明，成本世界和有效产出世界之间是没有妥协的余地的，就算在纯理论的层面上也没有，你们想看看证据吗？"

"想。"听众席回应。

费沙掏出手帕抹抹额头。

"那么，我要先和大家讨论另一个题目，就是关于焦点的集中。"

李查德坐直身子，可能他有机会从中找到一点儿头绪，帮助解决他的问题。

"大家都知道，集中焦点至为重要。"费沙柔声地说，"一个不懂得集中焦点的管理人员，不可能成功地控制成本和保障有效产出。但是，对我们来说，什么叫集中焦点？我们一般根据 80/20 帕雷托定律（Pareto Principle），即只集中解决问题的 20%，你便会得到好处的 80%，这是一条统计学上的通例，但一般统计学老师都知道，这条 80/20 定律只适用于一些由独立的变项组成的系统，只适用于把每个环都分割开来管理的成本世界。

"有效产出世界又怎样？由于我们的机构通常有很多个环，远比 5 个多，很明显，改善其中的 20%，就意味着很大部分的改善对机构整体是没有帮助的。环与环之间的连接是重要的，变项是互相依存的，80/20 定律因此不适用。

"那么，我们要怎样决定集中于何处？可以用什么方法？"

"很有趣。"韦逊已经是第二次说这句话了，这一次李查德完全认同。

"嗯，比你们想象得简单。"费沙安慰他们，"试想想那条环链，再想想最弱的一环决定了全链的强度，如果想加强环链，第一个步骤必须是什么？不要来那么多'如果'、'但是'、'我们的情况很不同'，告诉我，第一个步骤必须是什么？"

在这个时刻，所有人大概都得出答案了，费沙向第一排的一个自愿者示意，要他大声说："第一件事是找出最弱的一环。"

费沙举起一支笔，评论说："正确。在学术界，我们必须用较为严谨的字句，那么让我将那个步骤写成：找出系统的制约因素（constraint）。当然，背后的意义是一样的。好，我们找出制约因素，下一步又怎样？"

"加强它。"第一排的那个人说。

"又对了。"费沙向他微笑。"但是，且慢，我们运用比喻一定要格外小心，当我们回到公司里，就会很容易地发觉制约因素其实有两类，第一类是实物的，如瓶颈（bottleneck），这是资源（resource）之一，它的特点是产能（capacity）不足以应付需求。加强最弱的一环就是要改善瓶颈，令它生产多一点。"

"但我们不应忽视另一大类，当制约因素不是别的，而是一个祸害极深的政策时，加强最弱的一环不应解释为帮助那个错误的政策发挥多一点，我们必须做的事是尽早取代它。顺便提一下，实物制约因素和政策制约因素曾经引起人们对 TOC 产生一些混淆，很多早期的刊物集中讲实物制约因素，难怪当论文和书籍首次触及如何针对政策制约因素时，我们，起码是学术界，花了很长时间才明了两者的关联。"

"我也不明了，直到刚才。"李查德承认。

"很有趣。"这就是韦逊愿意说的唯一的一句话了。

费沙等待着，直到大家都静下来了。"现在我只集中讲实物制约因素，其重要性未必最高，但较容易明白。我们说加强最弱的一环，在我写出下一个步骤前，我想指出，改善瓶颈的方法有两个，其一是增加产能，如增加人手或多买些机器，但还有另一个方法，就是挖尽现有的产能，尽量利用，这样做合理吗？"

他得到认同，继续说："既然 TOC 接受'控制成本'是必备的条件之一，难怪它采取的第二个步骤就是，决定怎样挖尽制约因素的潜能。"

"下一步又怎样呢？大家不要忘记，在有效产出世界，环与环之间的连接，跟环本身同样重要。换言之，如果我们决定对一个环有所行动，我们必须先看看，这对其他环会造成什么影响，这个也很容易，我们的直觉是源于有效产出世界的，一直是这样，让我演示给你们看。"

他指着他的"自愿者"说："你就是瓶颈，你不介意吧？这就是说，你的地位最重要，全公司的有效产出全靠你了，你就坐在最热最烫的椅子上。"

"我早习惯了坐热烫烫的椅子了。"自愿者答。

"好极了，现在假设，如果你努力，真的努力，你每小时可以处理 10 件零件，不能再多了，明白吗？"

费沙找另一个受害者，就是普曼。"假设你是一个非瓶颈，你每小时能够处理 20 件，但无论怎样，你处理过的零件必须经瓶颈加工，那么，正常来说，每小时你应该生产多少件？"

"10 件。"普曼毫不犹豫地回答。

费沙再描述整个情况一次，然后再问："大家一齐回答我，这位先生每小时应该生产多少件？大家一齐回答！"

"10 件。"一个响亮的答案。

"你们说的是第三个步骤。"他边写边讲，"步骤三：其他一切迁就以上的决定。如果我们挖尽瓶颈，所得的也只是 10 件，那么各非瓶颈生产超过 10 件是没有意义的。现在，如果第一位先生依然是瓶颈，而我们想得到更多的有效产出，那么我们必须分担他肩上的重担，就算多买些机器或增加人手也在所不惜了。"

所有人都同意，然后他写下第四个步骤：将制约因素松绑。

李查德小心地抄下各步骤，当中的逻辑是无懈可击的，也必然适用于项目管理，但可以怎样具体地实行呢？这就不那么明确了，他稍后必须再思考一下。

费沙把笔放下，走到台前。"这是最后一个步骤，凭你们的直觉，你们是明白这个步骤的，这就是我们的环链。"他举起双手，把一条虚拟的环链向左右拉扯。"这个就是最弱的一环，我加强它，整条环链的强度就增加了，我再加强这个环，环链更强了，我再加强，无效了，为什么？"

很多人回答。

费沙总结："它不再是制约因素了，我必须避免惰性，回到步骤一。你们发觉到一件很奇妙的事情吗？"

他停下来，但没有人自愿去猜他的葫芦里卖的是什么药。

"我们刚找到一个集中焦点的程序，这就是有效产出世界的焦点集中程序，你们是否同意，这五步骤也是一个持续改善的程序（a process of ongoing improvement）？很奇妙，是不是？在有效产出世界，集中焦点的程序和持续改善的程序不是两个不同的程序，它们是同一个东西。"

"很有趣。"李查德向韦逊低声说。

"不，李查德，费沙说对了，很奇妙才真。"

"让我提醒大家。"费沙回到讲台，"我依然欠你们一个证据，证明成本世界和有效产出世界之间没有妥协的余地，记得吗？现在讲这个就容易多了，真的很容易。"

他转向他的自愿者。"你仍然是瓶颈，每小时最多生产 10 件；而你仍然是非瓶颈，每小时可以很容易地生产 20 件，但你生产出来的东西必须经过他。再问问大家，每小时非瓶颈应该生产多少件？"

现在所有人都喜欢他的生动风格。"10 件。"他们大叫。

"真的吗？"他侧着头，望着他们，"你们都考虑清楚了？""对。"所有人都信心十足。

"你们很赏识这位先生吧。"他转向普曼，说："假设你是公司的一个工人，每小时可以很容易地生产 20 件，而你只生产 10 件，你的效率是多少？"

普曼的神情显示他渐渐明白过来了。"很低。"他说，然后，清一清他的喉咙。"我的效率是 50%。"

"而如果你的效率只有 50%，你的脑瓜子会怎样？"费沙笑着说，并把手朝他的颈部一扫。

当笑声静下来时，费沙继续说："而这里所有的人都告诉你只生产 10 件，他们大概想将你变成神风敢死队，这样的朋友，唉。"

费沙微笑着，而全场的笑声达到新的高峰。

他耐心地等候。"你们明白刚看到的现象吗？你们的直觉是在有效产出世界，所以说'不要生产超过 10 件'，但你们公司的系统是在成本世界，要求他达到最高的局部效率，要他生产 20 件。"他停了下来。

"没有妥协的余地，如果这位先生生产 15 件，两个世界都会宰了他。"

他的信息是严肃的，但他们还是笑个不停。

"那么，他怎么办？他唯有慢下来，声称他不能生产超过——就说 12 件吧，但其实他是能够做到的，我们逼他撒谎，因为如果他不撒谎，饭碗就不保了。"

费沙慢慢走回讲台，站在那儿好一会儿才继续讲解："人人都知道，解决问题，第一个步骤是把它清晰定义，很奇怪，虽然有此理解，我们却不去定义何谓'把问题清晰定义'。"

他发觉并非所有人都明白他的意思，于是他澄清："什么时候，我们才知道问题已经有了清晰的定义？那就是当问题已经解决时。我们说'把问题清晰定义'是向前迈进一大步，但是，在解决问题之前，怎么知道我们已经'把问题清晰定义'？"

"他言之有理。"李查德对韦逊说。

"TOC 采用的是一条科学界普遍接受的定义，那就是，如果一个问题未能以两个必备条件之间的冲突来表达，它就不算一个清晰定义了的问题。"

他停下来，让他们消化。

"这就是我们在过去半小时所做的。"他回到投影机，放上一张胶片（见图8）。

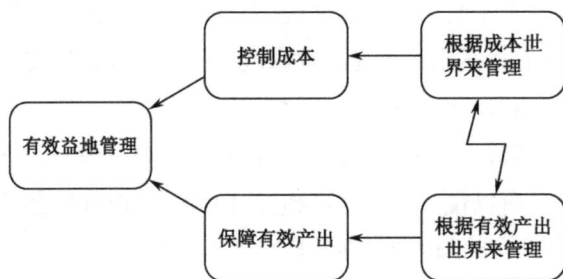

图 8

"管理人员的目的是'有效益地管理'，为了'有效益地管理'，一个必备条件是'控制成本'，另一个是'保障有效产出'。但为了'控制成本'，管理人员必须'根据成本世界来管理'，而为了'保障有效产出'，他们必须'根据有效产出世界来管理'，这就像我们所见到的，两者是互相冲突的。"

"怎么办？我们尝试寻求妥协，如果没法找到妥协，又怎样呢？麻烦就多了。有其他办法吗？搞自然科学的人的做法是否不同？"

每个人都静待费沙的答案。

费沙尝试解释他的论点："例如，假如他们要量度一幢大楼的高度，一个测量方法得出的结果是 90 米，用另一个方法则得出 180 米，冲突出现了，你认为他们会尝试妥协，说大楼高度是 135 米吗？"

人人咧嘴大笑。

"搞自然科学的人面对冲突时会怎样做？他们的反应跟我们大大不同，我们试图寻求妥协，但他们想也不会这样想，他们的出发点永不容许这样做；他们不认为冲突在现实环境中是真正存在的。"

"无论那两个测量方法是怎样被接受的，科学家会本能地断定，其中一个方法必然基于一个错误的假设。他们会集中精力，寻找那个错误的假设并加以纠正。"

"我们应该效仿吗？"

他停顿一下，然后问："我们能够效仿吗？"

他边走回讲台边继续问："我们习惯了在以人为本的系统下运作，能够相信冲突是不存在的吗？

"我们怎能呢？冲突正包围着我们。"

他以一个十分平和的声调继续说："这也许是 TOC 最大胆的假设。它的其中一个基础是，每当我们遇上一个冲突，那就是一个清晰的信号，显示有人做了一个错误的假设，而这个错误的假设是可以纠正的。一旦纠正了，冲突便消失了，你们同意吗？"

"我不接受这一套。"李查德低声对自己说。

韦逊问他："你相信双赢的方案吗？"

"我相信吧。"

"那么你已经接受了费沙刚才的说法。"韦逊说。

李查德不大明白两者怎会扯上关系，但费沙已继续演说了。

"让我们用这个冲突去演示这个名为'冲突图'（cloud）的方法到底有什么威力。"然后他走回投影机前。

"让我们发掘一些隐藏的假设。"他说，"我们宣称，为了控制成本，管理人员必须根据成本世界来管理，为什么？因为我们假设'所有局部环节都有好表现，是达致好的成本表现的唯一方法'。"他边说边把假设写在图上。

"而我们为什么宣称，为了保障有效产出，管理人员必须根据有效产出世界来管理？因为我们假设'所有局部环节都有好表现，不是达致好的有效产出表现的方法'。"他在图上写完后，停下来让大家消化一会儿（见图 9）。

"形势怎样？我们现在有 3 个选择，我们可以挑战上方的假设，我们可以挑战下方的假设，我们也可以继续寻求妥协，你认为我们应该怎样做？"

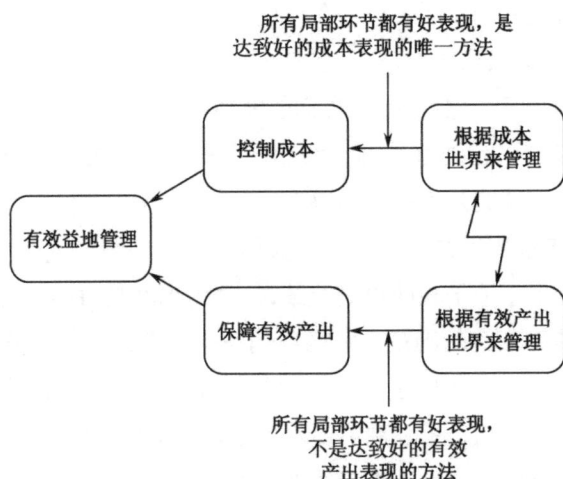

图 9

大概费沙已认定他的问题是纯修辞性的，因为他继续问："有谁认为上方的假设是错误的？'所有局部环节都有好表现，是达致好的成本表现的唯一方法'，有谁认为这是错的，请举手。"

大约 5 人举起手，不久，十几人加入。

"不要匆忙下结论。"费沙提醒他们，"你们说这个假设是错的，但你们知道这样说其实表示什么吗？你们其实正在宣称：自工业革命以来，绝大多数企业都是错的。怎样？还举手吗？"

刚举过手的人，差不多全部不理劝告，再次举手。

"你们有权选择。"费沙微笑，然后继续说，"而谁相信下方的假设是错的呢？即认为'所有局部环节都有好表现，不是达致好的有效产出表现的方法'这句话是错的，请举手。"

竟然没有人举手，李查德大为惊愕。

"投票结果很清楚。"费沙宣布，"但很抱歉，这类问题不是由民主投票来解决的，我们必须证明我们宣称的东西，我们如何证明上方的假设是错的呢？"

"我们又将看到一些花哨和复杂的数学模型。"李查德叹息，"他完了便叫醒我。"

但费沙没有用上任何数学方法，他说："你仍然是瓶颈，而你是非瓶颈。"他指向他的两个自愿者。"和先前的情形一样，我们全都赞成非瓶颈每小时只应生产 10 件，为什么？是为了保障有效产出吗？试着想想看。

"如果非瓶颈生产 15 件，或者甚至 20 件，这会妨碍瓶颈生产他的 10 件吗？

"那么，为什么我们那么执着，坚持不让非瓶颈每小时生产超过 10 件？非瓶颈，你愿意解释一下吗？"

普曼满怀自信地答："因为如果我生产多了，唯一的结果就是没有人要的库存越堆越多。"

"而如果库存增多，成本会怎样？"费沙问。

"上涨。"

"大家看到了吧。"费沙向所有人说，"我们全都要求非瓶颈的产量要比它的实际生产能力低，不是为了保障有效产出，而是为了控制成本，我们命令非瓶颈把它的局部效率限于 50%，而实际上他是有能力达到100%的，只是为了一个原因——控制成本，这对上方的假设带出了一个怎样的启示？

"'所有局部环节都有好表现，是达致好的成本表现的唯一方法'，废话！"

他缓慢地、一字一字地总结："我们追求妥协，牺牲企业的业绩并令人人吃尽苦头，就是为了一个错误的假设。"

他稍停片刻，然后重复："'所有局部环节都有好表现，是达致好的成本表现的唯一方法'，那么多管理人员和几乎所有的系统都是基于这个假设的，TOC 认为这就是当今企业遇到的问题的核心所在。"

"这个我必须想一想。"李查德对自己承诺。

费沙滔滔不绝地说："所有最新的管理哲学都默认这一点，强调保障有效产出的重要性，不强调局部的表现。

"全面质量管理和及时生产系统都强调有效产出，虽然它们没有认识到这需要如此尖锐的集中和专注；企业流程改造强调重新检视基本的假设；学习型组织（learning organization）强调追求双赢，代替勉强的妥协。利用 TOC 所提供的清晰度，以及有系统地运用它的分析方法，所有这些哲学最终都融合成一个连贯的整体。"

"但你们今天出席这个研讨会，不是为了听一个理论，你们想知道它的实际用途，它可以达到什么成绩，需时多久。最重要的是，怎样推行。"

"我现在想和大家分享去年一段最引人入胜的经历，优尼公司是怎样把一家新买入的公司转亏为盈的，在 3 个月内变成一个'金矿'，但我的第一个小时已经过去了，是用茶点的时候了，如果你们还有兴趣，20 分钟后回来。"

12

到优尼公司取经

Critical Chain

有些人没有回来，好吧，我（费沙）已经吸取了教训，不再来那沉重乏味的一套了，就让我讲个故事吧，人人都爱听故事，我想分享一下我在优尼公司的重要经历。

一天我被召往柏德信的办公室，他是副行政总裁，和其他副总不同，除了几个助手，无人需要向他报到，但这不表示他不重要，起码对我来说很重要，他就是签发我的研究拨款的人。

直到那天之前，我和他的沟通只限于备忘录来往，我蛮喜欢他的备忘录——有礼、简洁，每个都有新意。我到优尼公司差不多 6 个月了，这还是首次和他见面，找他的办公室毫不困难，就在行政总裁办公室的隔壁，这可能有某些含义，但到底是什么呢？我不知道。

柏德信是一个优雅、开明的人，出人意料的年轻，我猜他只有 30 来岁，但这个小伙子教了我毕生难忘的一课。

我们详细地谈论我上一次被委派去做研究的机构，那是一个大型配销中心（distribution center），我解释他们是如何优化（optimize）他们的货车排程的。根据我的计算，他们每年最少可以节省 5 万美元。柏德信显示出浓厚的兴趣，提出很多问题，甚至细看我那漂亮的解决方案所包含的复杂数学方程式。我作为一位学识广博的教授，能在这儿指点一个主管怎样科学化地管理企业，觉得有点儿飘飘然。

但现在想起他心里对我真正的评价时，我不禁面红耳赤。一个教授，在一个每年生意额超过 5 亿美元的配销中心待了几个星期，唯一的成果就是一个复杂的方法，节省的仅仅是 5 万美元。

但柏德信很客气，他认为他们用得着我的专长，然后告诉我他打算怎样做。他们即将收购一家钢铁公司，预计下星期五签署文件。一个月前，柏德信曾用两天时间对该公司做了一个粗略的分析，他提议我翌日飞往那儿做个深入的分析，然后提出建议。我喜欢这份差事，我对钢铁业了如指掌，曾写过四篇关于这个题目的论文。

但当他提议在公司收购后那个周末和我会合并比较彼此的分析时，我便没有那么欣喜了。我正想提出疑问：用剩下的仅仅 10 天时间实在不可能进行一个像样的分析，况且，你不能拿一份粗略的分析和一份专业的相比，但我最后还是决定不说为妙，于是我便动身了。

他们已经在那儿等着我了，我拼命工作，白天访问员工，夜里猛啃"数以吨计"的报告，尝试从收集得来的一大堆数据中理出个头绪来。

起初我有被淹没的感觉，渐渐地，景象开始展现，和其他钢铁厂一样，这家公司正在严重亏损。竞争这么激烈，而钢铁价格又这么低廉，这是不出所料的。

客户的评语还不算太差，如果了解他们通常喜欢对供应商有诸多挑剔的话。完工时间和准时付货的表现都不比竞争对手差，当然价格亦然，品质就稍为高了一点儿。

生产技术是先进的，除了切割钢板的切割机，多数设备更是最顶尖的，那台切割机实在差劲，缓慢且浪费物料，必须替换。我计算过了，回本期只需 3 年多。

库存是一个问题，在偌大的货场上，钢板堆积如山，因为存放不当，大批已经生锈了。我花了大量时间寻找应付方法，但那绝不容易，每个人都在责备其他人。最后，我发觉他们用来策划整个复杂运作过程的，竟然是一台落伍的计算机，你相信吗？他们在熔铁炉、轧钢机、表层加工机投入大量金钱，但用的依然是 20 世纪 70 年代的计算机软件？这些钢铁佬，真叫我摸不着头脑。

原料是另一个问题，不是原料本身，而是他们付出的钱，我认为他们必须改变他们的采购程序，我花了很多时间进行分析，优化了他们的系统并已经准备好向柏德信显示，怎样可以在采购部削减 3 名员工而仍然可以处理同样数量的原料并节省大量的钱，每年起码 100 万美元甚至 150 万美元。

星期五，他们签了收购协议，我预计柏德信会在星期六早上到达，我已经准备好见他，但后来他来电说他必须处理一些急事，星期天下午才能抵达，于是我用那些时间去完善我的数据了。

星期天晚上七点，当我还在酒店大堂假装品尝茶点时，他来了。他要我到他的套房见他，我急于向他展示我的发现并借此炫耀一番。所以，我从房间中带来文件，认为 10 分钟已经足够让他震惊了，便敲了他的房门。

他不想看我的文件，一开口便问："公司的制约因素是什么？"

我在优尼公司待得够久了，早已预料到有此一问，我当然是准备好了的，我交给他一张制约因素清单，有 26 个之多。他大概看了一下，这类行政人员的阅读速度通常都很高，然后他叹息，把清单放在一旁。我不觉得奇怪，面对这么长的一系列头痛问题，你也会叹息。

然后他问我，根据我的分析，公司要转亏为盈需要多少时间。我还未有答案，情急之下，我回答说这要视市场上钢铁价格的走势。

"就假设价格维持在现有水平。"他说。

以我的看法，在现有的价格下，这家公司永远不可能赚钱，但对着一个刚买入它的人，你又怎样开口呢？

我记起一个笑话，有人承诺 3 年之内教会一只狗阅读，他其实是寄望 3 年之内，狗或它的主人会死掉。了解到钢铁价格经常是波动的，我坚定地说："两年。"谢天谢地，他没有要求我证明。

他反而问我需要投入多少钱，对此我已经有了一个详尽而准确的答案。他还拒绝看我的报告，只想知道盈利有多少。我感到烦厌，但他是签发我支票的人，我唯有告诉他：2 234.3 万美元。

"嗯。"这就是他唯一的回应，而然后……然后他只说司机在翌日上午七点会来接我们，他送我到房门口。

第二天早上，他们已经在偌大的会议室等着我们，所有高级经理都在，大约 20 人，我们握握手，然后柏德信宣布会议开始。

他告诉他们，他对钢铁业只是一知半解，对具体运作更是不用提了，他要求他们帮助他更好地了解，因为他知道得越多，向他们发出的愚蠢指令便越少。他令所有人毫不怀疑他是有决心做出某些重要决策的。

然后他说他已经看过他们所有的财务报告，但那些报告一点都没有说明他们实际上是怎样经营这家公司的。他知道，长期以来，"每小时吨数"是钢铁业的主要运作衡量项目，然后他问他们，是不是认为在监察每小时吨数方面他们已经做得很充分了。

他们认为已经够充分，然后花大概半小时详细解释他们的做法：在工作站的层次、部门的层次和公司的层次，他们解释了数据是怎样收集及处理的，并且介绍了由此而制成的报表和每个班次的每小时吨数图解，接下来是每天、每周、每月、每季、每年。

在整个解释过程中，柏德信的反应很开明和宽容。他们解释完后，他同意他们已经在监察每小时吨数方面做得很充分了。他要我评论，我说我得到的印象很深刻，又说我现在才知道什么是主要衡量项目。

柏德信沉默了一会儿，其他人亦然，最后他说他确信他们在衡量每小时吨数方面做的工作已经很充分了，他要问的是，他们应该衡量这个吗？

这个衡量项目是尽人皆知的，在他们的世界，即钢铁的世界，每小时吨数是他们视野所及的其中一条最重要的支柱，竟然有人敢质疑？他们需要好一段时间才能搞清楚究竟他在问什么。

洪水般的大量理由冲向柏德信，要他明白每小时吨数是必需的。必须指出，在我看来，很多理由似乎都在说："必须监控它，因为我们向来都是这样做的。"柏德信小心聆听，甚至当他们互相争论起来时，他也不干涉。

最后，当他们平静下来后，他提醒他们，制定一个运作衡量项目，主要是为了鼓励各部门做有利于公司整体的事。

他们必须同意。

这时候，费沙放出一张投影胶片。

我知道从投射出来的影像（见图 10）阅读是困难的，所以现在由我读给你们听，正如当天柏德信所做的一样。

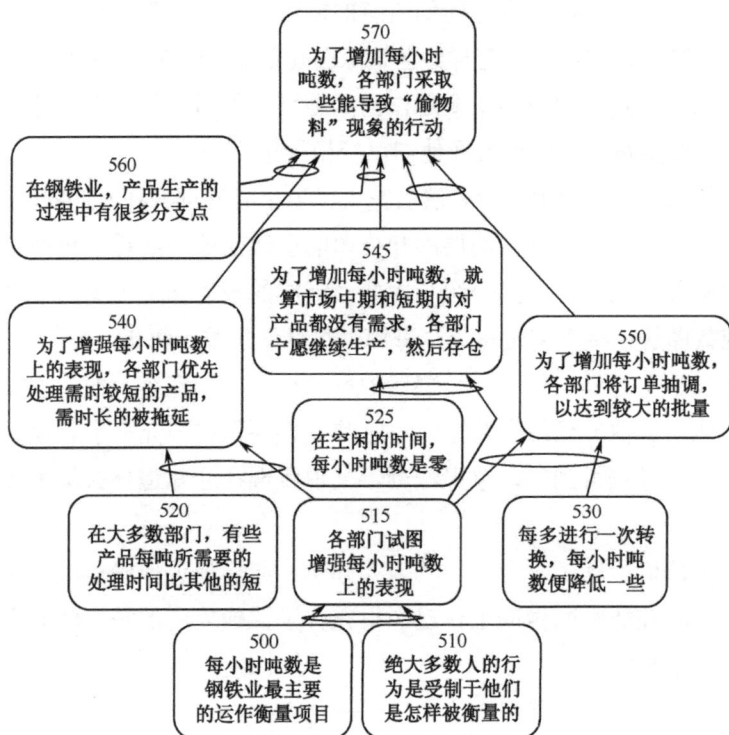

图 10

柏德信由下方开始，在钢铁业，评核每个部门的表现是根据每小时他们能处理多少吨钢铁，"每小时吨数是钢铁业最主要的运作衡量项目"，即 500。

然后他引述一句名言："告诉我你是怎样衡量我的，我就会告诉你我会怎样行事。"他很容易地得到他们认同，那就是"绝大多数人的行为是受制于他们是怎样被衡量的"，即 510。然后他得出结论：在钢铁业，我们必然会发现"各部门试图增强每小时吨数上的表现"，即 515。

毫不犹豫地，他们认同了。

515 会带出什么后果呢？当独自存在时，它可能是有道理的，但和业界其他现象拼凑在一起时，那就未必了。例如，"在大多数部门，有些产品每吨所需要的处理时间比其他的短"，即 520。例如，在轧钢部，你把火红的钢压成 10 吨 5 厘米厚的钢板，需时远较 10 吨 1 厘米厚的钢板短，结果必然是"为了增强每小时吨数上的表现，各部门优先处理需时较短的产品，需时长的被拖延"，即 540，你们可以想象到这会导致什么后果，快的产品库存过高，而慢的产品却缺货。

他们详细地讨论，争论这到底造成了多大的损害。一些人试图贬低问题的严重性，柏德信不和他们争论，没有必要这样做，因为有其他经理代劳，他们引用一些数字来证实，那些数字并不是闹着玩的，一切都以百万美元计。我觉得当中有些描述倒十分好笑，如果你们像我一样，有扭曲的幽默感的话。

当他们静下来后，柏德信继续指出：在钢铁业，转换（setup）时间在每个部门所占的比例相当大。20 年前，24 小时的转换时间相当普遍，今天，由于新科技，大多数转换都在 3～5 小时，依然相当长。

大家都知道，"每多进行一次转换，每小时吨数便降低一些"，即 530。当你正进行转换时，你什么也没有生产出来，柏德信问他们每进行一次 4 小时的转换之后，他们会运作多久？共识是最少一整个班次，通常还会长得多，而如果没有足够的订单呢？经过以上逻辑推演后，无人再争议以下结论，即"为了增加每小时吨数，各部门将订单抽调，以达到较大的批量"，即 550。他们又进行另一轮讨论，尝试计算这些行动所必然会引起的后果，例如，库存不必要地增加、不可靠的交货期表现等。

对一个部门来说，最坏的情况是闲着不开工，"在空闲的时间，每小时吨数是零"，即 525。大家就不会奇怪"为了增加每小时吨数，就算市场中期和短期内对产品都没有需求，各部门宁愿继续生产，然后存仓"，即 545，库存肯定遭殃了。

当时，我还以为我终于明白为什么他们的库存会堆积如山，以及为什么他们声称可以在 7 个星期内交货，而事实上只有六成订单能够做得到，但我想错了，真正的杀手还未出场。

基本工业（钢铁业是其中之一）的特点是产品在生产流程的每个阶段都会遇到分支点，例如，在轧钢部，他们由一种钢铁生产出很多不同钢板，厚度各不同，一旦你出了一块 5 厘米厚钢板，后来想把它变为 2.5 厘米，已经太迟了，钢铁已经冷却了。切割部门也有相同情况，如果你已经把钢板切割成 175 厘米宽，你就不可能事后把它改为 200 厘米，总而言之，"在钢铁业，产品生产过程中有很多分支点"，即 560。

现在把这个和 540、545、550 所表述的事实合并起来，你得出什么来了？你得到的就是："为了增加每小时吨数，各部门采取一些能导致'偷物料'现象的行动"，即 570。不要误会，没有人说有人偷偷地把 5 吨钢铁放进口袋里带回家，但实际情况比这个还要糟得多。

例如，我们为两个客户处理以下订单：150 厘米宽的钢板 10 吨，175 厘米宽的钢板也是 10 吨，切割部门所需的转换时间是大约 3 小时，切割 10 吨钢铁所需的时间当然比 20 吨的短，他们试图在转换后起码运作一整个班次，大家料到会发生什么事情吗？他们把全部 20 吨钢铁都切割成同一宽度，然后大叫大嚷，投诉没有得到其余一张订单所需的物料。你们可以想象，这必然会导致部门之间互相指责，更不必说我们多了一个极不满意的客户，以及又一大堆没有人要的钢板了。

柏德信引领他们对产生的不良效应进行预估，他们预估各方面的影响，包括营业额的损失、过多的库存、成本的浪费、过长的交货期、不可靠的交货期表现，以及同样重要的部门之间因争吵而浪费的时间，总数是惊人的。

然后他问大家有没有其他问题，接下来的3小时，我上了一堂关于怎样处理投诉的课，柏德信不拒绝或排除他们提出的任何问题，就算其中有些在我看来只是可怜的借口而已。他要他们为每个问题计算负面影响，然后引领他们探讨其中有多少影响是源于图10中所指出的事项，他不断地称呼这个图为"现况图"（Current Reality Tree），即每小时吨数所导致的各个不良效应的逻辑表述。

真奇妙，例如，他们责怪供应商交货不准时，柏德信令他们了解到，如果他们没有制造那么多多余的库存，他们就可以有地方存放较多原料，供应商交货不准时就不会成为一个严重问题。

又例如，关于客户在最后1分钟改变主意的问题，询问之下，才知道"最后1分钟"其实是指交货前4个星期，如果完工时间可以大大缩短，那么这个也不成问题，因为在客户有机会改变主意之前，货已经到手了。

扼要地说，他们同意，除了一些根本不严重的问题，现行的混乱运作环境令所有其他问题恶化。他们达成一个真正的共识，那就是核心问题，即公司的制约因素在于他们采用了每小时吨数作为最主要的运作衡量项目。

柏德信指出这其实是大好消息，对，大好消息，因为他们所有竞争对手也受同一核心问题困扰。纠正它，就会为公司带来极大优势。

正如我一样，你们大概正在问自己：为什么钢铁业会选择这么差劲的、杀伤力这么大的衡量项目？答案在于：正如所有其他业界，他们的系统是基于成本世界的，大家还记得成本世界的基本假设吗？"所有局部环节都有好表现，是达致好的成本表现的唯一方法"，如果你们相信这个假设，就必然会选择每小时吨数这类衡量项目。

现在你们更明白了为什么 TOC 宣称现在许多企业的核心问题（制约因素）在于：很多管理系统都持一个信念，以为成本世界的假设是正确的了。

你们可以想象，当我想起前一晚我交给柏德信的一张有 26 个制约因素的清单时，我感到多尴尬，现在我知道为什么他不详细看了。一旦了解了 TOC，你们就会知道，实际上没有任何系统有那么多制约因素，否则，这么混乱的系统老早就垮台了。现实世界中的系统只有一个、最多两个制约因素。

我也明白我没有工具去找出制约因素，这也难怪，这是我第一次看到一个有分量的分析，那就是现况图。

我曾经说过，在我眼中，TOC 的最大贡献是它介绍的一套研究方法，现在你们大概明白原因何在了。TOC 思维方法中的"冲突图"引发了我工作上的一场革命，TOC 思维方法在很多方面和我们传统的方法背道而驰。

将一个问题表达成两个必备条件之间的冲突，我觉得很有意思，但我一直习以为常的做法是寻找妥协。在学术界，我们不称之为妥协而称之为优化，我的论文有 3/4 都是关于某些优化模式的，你们试想象：发掘问题背后的假设，不寻求妥协就可以找到优胜得多的解决方案。要我接受这个新的做法实在不容易。

TOC 因与果思维方法中的现况图，促使我的宏观视野再做转移，自从与柏德信共事后，我不再在问题的表达上打转儿了。

我曾经花了 10 天时间见所有人，得出的决策性结论就是这家公司永远不可能赚钱，除非钢铁价格大幅上升，但突然来了个柏德信，在 1 个月内，对，在 1 个月内，他令公司赚钱了。1 个月后，他进攻下一个制约因素，即他们的营销策略。今天，这家公司的人员仍然是旧班子，没有工人被裁，没有经理下马，没有一件设备是新买的，而这家钢铁公司如今是一座"金矿"。

嗯，这就是我的故事，时间到了，如果你们有任何问题……

他们抓住他足足 1 小时。

13

三进三出

Critical Chain

大部分学生已经就座，令我（李查德）惊讶的是，我的桌子竟然几乎空空如也。我真的很懊恼，他们总应该认真点儿吧。当天我布置作业时，他们讨价还价，要我多给一点儿时间，多得了两星期宽限后，还是只有一人交得出报告，此中必有原因。在我大发雷霆之前，还是先弄清楚为好。

我平静地说："今天的主题是，到底项目各步骤加进了多少安全时间，你们理应访问了有关人士，找出答案，然后向我呈交报告。但是，今天……"

他们面面相觑，看看书桌，看看窗外，就是不望向我。

"我们的访问一无所获。"泰德高声说。

"怎么会呢？"我实在很诧异。

"因为人们不喜欢披露加进了多少安全时间。"

"你催逼了吗？"

"当然催逼了。"他苦恼地说，"那是我的错，我因此而激怒了那些领班。"他板着脸说："相信我，这些人绝不好惹。"

"谁的运气比他好？"我问，没有人回应。

"查理，你呢？"我问。

他笑着说："如果你是指我有没有受到威吓，那倒没有，但我也没有得到什么实质答案，他们要么东拉西扯，要么假装失忆，无论怎样，没有人承认曾经在预估中加进安全时间。当我提及200%的安全时间时，他们捧腹笑个不停。"

"他们当然会。"我说，"你俩的做法全错了，知道犯了什么错误吗？"

"如果我知道，就不会犯了吧。"泰德不大接受批评。

他说得没错。我布置作业时，应该给他们更明确的指示。

"询问人们加进了多少安全时间是没有意义的，因为他们确信自己的预估是老老实实的，绝对没有夸大。"我解释，"问题是何谓'老老实实'，记得当天我们细看概率分布之前，马可的立场是怎样的吗？还记得当他看见中间值的线和那条 80%线相隔那么远时，那惊愕的模样吗？"

"那么，我们应该怎么办？"泰德开门见山，大概盘问领班时就像打翻了蜂巢，阵阵刺痛仍在心头。

"你应该问员工在预估时间内完成任务的机会有多大。"我答。

"是这样吗？"

"是的，我们可以把数字演绎，80%的机会相当于 200%的安全时间，有时还更多。还记得概率分布图的形状吗？不确定因素越大，安全时间就越长。"

查理说："如果你要的就是这些，我倒有发现。"

"说来听听。"

"在我进行的查询中，有一件事很明显。"然后他做出以下结论，"预估时间很大程度上受程序编制员上一次延误的影响。"

众人哄笑，他们也注意到这个现象。

查理继续说："我认为，要计算机程序编制员预估自己准时完成工作的概率是没有多大意义的，他们永远不认为有九成机会，甚至八成也不说，因为能够准时完工的程序编制员尚未降临世上。让我告诉你，没有任何人会像老练的程序编制员那样，加安全时间加得如此猖狂。"

我对程序编制认识不深，于是问："为什么？"

"那很明显，否则他们便没有时间沉迷于一些没有人要的花哨计算机玩意儿，如果你不紧紧地监督着，他们永远不会完工，总是不断有玩意儿要加到你的软件中去。"

幸好有查理，教室的气氛再度活跃起来了，连泰德也不再那么气鼓鼓了。

"我提问的方法不对。"他说，"但根据我的经验，我可以告诉你答案将是什么。"

"是什么？"

"每个领班都会说'如果'万事俱备，那么要准时完成他负责的部分并不困难，他们通常不以概率表达，但大概也指九成以上机会。"

现在大家知道应该怎样做了，更多人起来描述自己的个案，内容五花八门，但帮助不大。

我不大高兴，我问全班："谁有更深刻的经历？"

"我。"马可说，"我们的确曾极力要求人们做出评估，甚至准备了一份问卷，就加插在我们的报告中，从中你可以见到，除了一个患了恐惧症的人，绝大部分人都认为有高于八成机会可以如期完工。"

"那是有附带条件的。"露芙补充说，"几乎所有人都强调他们的答案基于两个假设：他们不被其他人连累而导致延误，以及在同一时间没有太多其他工作要他们分心。"

"这倒合情合理。"我说，"那么，你们认为结论是什么？"

然后我自己提出解答："我们预期，人们提出的预估完工时间是远远超过一半机会办得到的，这点你们已经证实了；同时我们也预期，人们不知道这里所指的超过一半机会到底代表多少安全时间，这点你们也证实了，这基本上总结了你们的调查所得。"

"还有遗漏。"佛烈平和地说，"马可、露芙和我有其他发现，我们发觉 5 加 5 等于 13。"

"什么？"

"这很普遍。"马可评论说。

"5 加 5 等于 13，这个现象很普遍？"我重复，"开什么玩笑？"

露芙解释："每当步骤由多个任务组成，而各任务由不同的人负责时，项目负责人便会要求每人做出各自的完工时间预估，加起来后，他会再加进自己的安全时间。"

佛烈继续说："因此，如果一个人预估他的任务需时 5 天，下一个任务也需时 5 天，项目负责人会说总共需时 13 天。"

"我明白了。"

"这是普遍做法。"泰德也证实。

白赖仁插嘴:"有时候,项目会涉及几个管理层,每层也再加上安全时间。"

这个现象我闻所未闻,但考虑到人类本性,这倒也合理,所有我读过的教科书却从未提及这些。"你们的公司也是这样吗?"我问全班。

很多人都说"是"。

"还有一点。"佛烈补充说,"在我们公司,最高管理层通常会不满意项目完工时间的最终预估,他们要快一点儿看到成果,所以,在半数个案中,当所有预估都收齐后,他们会要求削减项目所需时间,如削减两成。整体上的削减当然会影响所有人,每个人都要因此削去两成。现在,大家对这个做法已经习以为常了,于是一开始便把预估加大了两成半。"

很多人点头同意,看来这个现象不只是佛烈的公司。

"还有更多好消息吗?"

没有了。"让我们总结。"我说,"就我们所见,安全时间会经由3条途径插入项目内,影响几乎所有步骤的完工时间预估。

"第一,预估时间是根据以往惨痛经历来制定的,即分布曲线的最末端。

第二,涉及管理层越多,完工时间预估会越长,因为每层都会加进各自的安全时间。

第三,预料到高层会削减整体完工时间,各人预先加大安全时间以求自保。

把这些通通加起来,安全时间必然占项目预估完工时间的绝大部分。"

接着我问:"你们发现有什么不对劲吗?"

查理领悟得很快:"如果我们的预估已包括了那么多安全时间,为什么那么多项目还是不能如期完成呢?"

"何不选定一个项目，让我们深入探讨这个问题？"我问。

"有谁提出一个逾期很久的项目？"

"丹佛市机场。"

"我是指你曾参与的项目，一个你很了解其中来龙去脉的项目。"泰德举手。

我打趣地说："泰德，在这儿招认你有项目逾期，和你们的建筑公司想要树立的形象相违吧。"

他笑笑说："在这儿大家是朋友。而且，我有一个真实的个案，证明有时候项目一定会迟，而你是毫无办法的。

"一年前，我们建了一个大型商场，延迟了整整两个月才完工。我们怪罪各种临时改动，但真正原因是我们遇上太恶劣的天气。还有——，要重做的项目实在数不胜数，我们真的无可奈何。"

"总共损失了多少时间？"

"大约两个月，以上就是我们延迟的理由。"

"可能是，也可能不是。"我说，"告诉我，由项目开始至完成，原本预估需时多久？"

"我想是 14 个月。"

"泰德，不要逃避我们正在面对的矛盾，如果预估完工时间中的绝大部分其实是安全时间，那么你的安全时间就远比两个月多，工程是不应该延迟的。"我说。

泰德不同意，说："但事实上，我们真的延迟了，我想原因是我们加进安全时间只是针对普通问题，如有人不上班、门窗破了、天气恶劣等，我们不是针对大灾难。"

"我不同意。"白赖仁与他争论，"如果我对概率分布的理解正确，我们确实包含防范大灾难，否则，我们怎会宣称 200%安全时间是存在的呢？"

"我不相信我们真的加进了这么多安全时间，至少我们公司不是这样做的。"泰德说。

泰德这样说了，但白赖仁仍然不肯放过他。"嘿！你倒真与众不同，但如果我没有记错，你曾告诉过我们：在你们公司，项目所有步骤的预估都有约九成机会准确。"

他俩之间的辩论已开始失控，尤其当其他人也想加入时，我决定设法解围，说："那么，我们假设那么多的安全时间是存在的，逻辑上正确吗？还是人们运用那些安全时间的方法有原则性的错误？"

我们的逻辑没有错，他们是知道的，连泰德也知道，但这帮不了他们寻找答案。

我走到白板前，画了两个方格。"假设这两个方格代表项目中两个连续的步骤，两者的预估时间都是 10 天，现在假设第一个步骤实际上用了 12 天，这意味着第二个步骤将比计划迟 2 天才能开始，这很明显。但如果第一个步骤只用了 8 天，情形又会怎样呢？"

"这个问题装了陷阱，对吧？"有人问。

"如果第一个步骤 8 天完工，第二个步骤会在什么时候开工？"我重复我的问题。

泰德的眼睛突然亮起来。"它会在原定的时间开工。"他信心十足地说并笑了笑。

"为什么？"

"因为提前完工的小组是不会报告实情的。你知道吗？在当前的运作机制中，提前完工不会带来奖赏，大惩罚倒有。"他解释。"提前完工等于邀请老板削减预估时间，起码其他同类小组的同僚会非常反感。"泰德说。

"那么，接下来会有什么事情发生？"

"不用担心，他们总有办法掩饰，如果他们不想让你知道工作已经完成，你是不可能知道的。"泰德说。

他再想一想，又补充："再者，就算他们一反常态，报告了这件事，也不代表第二个步骤会马上开工，那个小组可能正在忙别的，甚至身在另一个建筑地盘。"

"另一个建筑地盘，嗯……"泰德的解释太侧重建筑业了，我怕其他学生看不到现象的普遍性，于是问："我们会在其他行业见到这类行为吗？"

"绝对会。"查理非常确定，"但原因不完全一样，计算机程序编制员不会怕同事们的反应，但我已经说过，向上级报告提前完工，对他们来说是不可思议的，他们总有办法在软件中找点东西来琢磨一番。"

"如果他们真的报告了呢？"我鼓励他说下去。

"不会发生什么的，负责下一个步骤的人清楚地知道时间是绝对足够的，赶来干吗？"查理说。

"这样说来，你俩都认为提前完工是不会被呈报的，就算呈报了，赚得的时间通常也不会被下一个步骤好好利用，只会被浪费掉。"

我在白板上写："一个步骤的延误会全部转嫁给下一个步骤，而提前完工赚得的时间通常会被浪费掉。"

很多人提了其他意见，但以上结论仍然被认同。

"你们都看到其中的含义了吗？"我尝试更明确地解释，"在连续的步骤之间，误差无法以平均数方式来拉平，延误会累积，而提前完工所赚得的时间却不会累积，这解释了那么多的安全时间是怎样消失的。"

我让他们消化一下，然后继续说："并行的步骤又怎样？"

我在白板上画了 4 个方格，然后将它们指向第 5 个（见图 11）。"假设在这 4 个步骤中的 3 个，我们提前了 5 天完工，而在第 4 个步骤，我们却迟了 15 天。根据统计学，如果 4 个步骤的平均数没有受到影响，那么我们仍然能够在预估时间内完成这些工作。"

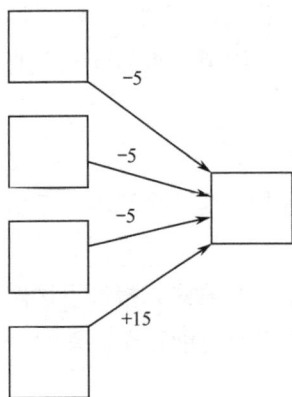

图 11

全班纵声大笑。

"任何项目都会有很多并行的步骤，当中最大的延误会被转嫁至下一个步骤，但当中任何提前完工却完全起不了作用。"我说。

露芙若有所思，说："你指的是，我们加进的绝大部分安全时间根本没有用。"

"对了。"

"如果我们能找出一个办法把安全时间放置于真正有用的地方……"露芙边思考边说。

泰德不耐烦了，他嘲讽地说："如果我们有个水晶球，能预先告诉我们什么环节会出现乱子，那么……醒醒吧，露芙，现实一点儿。"

露芙脸红了，但她不甘心被欺负，说："但让我们先看看到底发生了什么事。唯一重要的是项目整体的表现，说到底，当中有多少个步骤延误了根本无关宏旨，只要项目能依时完成便可以了，而看看我们在做什么。我们试图保障每个步骤的表现，这些保护大部分会被浪费掉，所以就算我们加进了那么多安全时间，项目仍然面对极大风险。"

露芙的话激起了我澎湃的思潮，"我们试图保障每个步骤的表现"这句话，依我听起来，似乎出自"成本世界"的心态；"唯一重要的是项目整体的表现"这句话则似乎是"有效产出世界"的心态。我们是不是正在面对着费沙所谈过的冲突呢？差劲的表现是不是由一个错误的假设造成的呢？我们曾经做了什么假设呢？

教室内鸦雀无声。

我不应该在这儿思考这些问题，在教室内我应教书，我打破沉寂，说："有谁想评论露芙刚才说的话？"

佛烈举起手说："一个问题一直困扰着我，过去半小时，我们说好像人们在每个步骤都加进了很多安全时间似的，但我不那么确定，我查核过有关数据，它们不支持这个结论。"

这个评论很有趣味性，尤其是出自佛烈。"和我们分享一下吧。"

我说。

"在我们公司有每个步骤开工和完工日期的记录，我用这些数据来计算每个步骤所需的时间，然后和原来的预估做比较，你们料到我发现些什么吗？"

他等了一两秒，然后告诉我们："我发现，只有极少数的步骤所需的时间比预估的短，现在我明白这可能是由于人们一般不愿意报告提前完工，这也解释了我面对的另一个问题，即预估太准确了，现在我明白几乎一半的步骤就正好在预估的时间完成，分毫不差的原因了。

"最困扰我的是，差不多 1/3 的步骤所需时间比原来预估的长一至两成，如果原来的预估中有那么多安全时间，我们又如何解释这个发现？"

他继续说："至今我在这里所听到的表述，或者可以解释为什么安全时间不能保障项目的完工期，安全时间在步骤与步骤转折之间被浪费了，但我想讲的是，我还没有发现一个可以保护每个步骤的安全时间。"

"那很重要。"我说，"那意味着如果我们的逻辑没有出错，那么我们必定正在浪费安全时间，不但在项目的层面，而且在步骤的层面，谁有意见？"

过了很久，汤姆举起手，说："可能是我们故意浪费了它？"

我渴望更多学生发表意见，所以我轻声地问："是这样吗？你有例子引证吗？"

"我们今天的作业。"

我不大明白两者如何扯上关系，但查理明白，他说："汤姆说得对。"

他向还未明白的人解释，包括我："当接到作业指令时，我们所有人都说两个星期太短了，后来我们争取到延期。现在，我想问，在大叫大嚷说需要多一点时间之后，我们当中有谁真的回去立即开始埋头苦干做作业？我敢打赌，没有人。"

汤姆点头。

"这是'学生症候群'（student syndrome）。"白赖仁说，"先极力争取安全时间，得到了，知道自己已经有了充足的时间，急来干吗？何时真正动工呢？最后一刻，这就是人性。"

佛烈也来凑热闹："我们要到真正开工时才会知道有没有问题，有的话，我们开始拼命追赶，但安全时间早已全被浪费掉了，所以我们一定会延误，对了，这解释了为什么有那么多安全时间仍然赶不及。"

"很好的表述，汤姆。"我说，"似乎所有人都同意，根据我个人的经验，我也同意。"

"我不想扫大家的兴。"马可以他洪亮的声音说，"但我不同意，汤姆说的情况是存在的，但不是绝无例外，当我们在沉重压力下工作时，那种情况便肯定不存在了。"

然后他补充："看看佛烈检查过的步骤，我可以说，他检查过的众多个案中，人们都在压力下工作。例如，很多逾期完工的步骤都由数码处理部负责，那个部门多年来一直承受着巨大的压力，相信我吧，他们绝不会浪费时间的。"

我看看手表，只余下 10 分钟，要结束这个讨论，我就得加速。

我问："马可，这个数码处理部参与许多项目吗？"

"所有项目中，该部门都是我们的瓶颈，我们实在负担不起让他们在同一时间只进行一个项目，而每个项目都有很多步骤需要他们。"

我说："那么，如果我的理解正确，每个人都在进行多任务（multitasking）。"

"对。"

"在压力下工作，就是指很多人同时要求他们处理不同的工作，是吗？我猜想数码处理人员根本不知道哪些任务是真正迫切的，对吧？"

"他们怎么可能知道？"马可同意，"我猜想，他们的优先顺序机制是基于谁的叫骂声最大，而项目中总有几个最擅长叫骂的恶棍。"

"那么，他们怎样应付？"

"唯有尽力而为，在各项目中跳来跳去，试图满足每个人。"

"这正是典型的多任务。"我说，"你们全都明了多任务对项目完工时间的影响吗？"

似乎他们不明了。

"假设某人负责做 3 个步骤，即 A、B 和 C，它们可能来自不同的项目或同一项目，这都不打紧，每个步骤需时 10 个工作日，如果他顺序连续处理这 3 个步骤，那么，以 B 为例，10 天可以完成了。但他受到很大的压力去满足每个人，因此，他在每个步骤只工作了 5 天，便急忙跳到另一个步骤。假设他的工作次序变成 A、B、C、A、B、C，每个步骤的完工时间会是多少？"

我画了两个图，好让他们更容易找出答案（见图 12）。

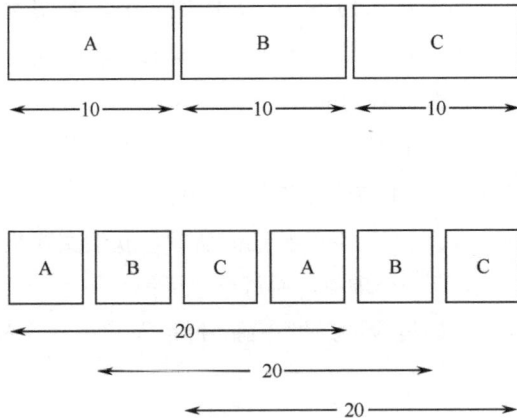

图 12

马可惊讶地回答："每个步骤的完工时间加倍，我知道多任务是不好的，但我没有想过会这么严重，还未把浪费于转换的时间计算在内。"

"多任务大概是完工时间的最大杀手。"我说,"为了它,我们全都吃尽了苦头,称它为开会、紧急事故或其他任务,影响是一样的,完工时间大大膨胀。你们想想吧,每当你们提出一个预估时间时,你们清楚地知道真正需要的时间是远比你们预估的时间短的,但你们直觉地把多任务的因素算了进去。"

这和他们的经历相符,因为他们全都同意。

"等一等,"马可说,"有点儿不对劲。我们公司每6个月要推出一件新产品,如果我们增加所有安全时间,所有项目的完工时间也会因此延长,这意味着在同一时间有更多项目在运行当中。"

我看不出他的问题何在。"对,但你的问题是什么?"我问。

他慢慢地继续说:"更多项目意味着更多机会导致多任务,而根据我们刚才的结论,这也意味着完工时间会更长,那么你是说,增加安全时间根本没有用,只会拖长完工时间,对吗?"

"自行应验的预言。"露芙说,"你预言它会拖长完工时间,它就真的会,而我们对此是有深刻体会的,但我的问题不同,为什么我们会容许多任务出现呢?"

"这还不够明显吗?"我回应,"没有多任务,有些员工的工作量便可能不足,他们的效率会因而下降。"

"谁会去理会局部的效率呢?"佛烈说,我还是第一次看见他这般激动。"难道整个项目的成功不是我们最需要确保的吗?"

马可加入:"对于瓶颈来说,不管多任务与否,工作量一定足够。"

更多人加入战阵,我知道原因何在,费沙正在教他们生产管理,我还是不要闯进这个地雷阵了,尤其在毫无准备的情况下。

我举起手示意,要他们停止开火:"且慢。"他们静下来后,我继续说:"你们提出了很有趣的看法,但请看看手表,我们还是留待下次讨论吧。"

这止住了他们。

"让我们总结今天的发现。"我说，大家开始低头疾书。"我们找到了 3 条途径让安全时间闯进项目中，也似乎找到了 3 条途径把安全时间浪费掉，第一是'学生症候群'——不用急，到最后一刻才动工；第二是多任务；第三是各步骤之间的依存关系，令延误累积，也令提早完工所赚得的时间付诸流水。

"现在说说下一项作业，很简单，我想这次不会有误解。安全时间经 3 条途径进入项目，请你们为每条提交一个例子；安全时间经 3 条途径浪费掉，也请你们为每条提交一个例子。它们必须是活生生的例子，而且一定，我重复，一定要有数据支持。"

14

晴天霹雳

Critical Chain

我（李查德）正等着进入院长办公室，形式上我要和他见见面，我一向讨厌拘泥于形式，但这次例外，我花了 9 年时间才等到这一刻。

两星期前，最后一个评审委员会也批准了我转入永久职系。现在，院长要签署确认，然后是校长，他们都只是橡皮图章。院长习惯单独会见每位获得晋升的人，以示关怀，以激励士气，以……我也不甚了解。总之，今天我就端坐在这里，结着最漂亮的领带，等待接见。

我被领进皮治院长的办公室，他和我握手，带我到一张椅子前坐下。我还是第一次进入这间办公室，但内部的陈设倒听闻不少：厚厚的地毯、精心装裱的高雅油画，不太符合我的口味，搭配还可以，漂亮的家具，不只好看，还颇舒服。

我发觉他的脸上并没有笑容，这不像他。

"恐怕我要给你一个坏消息。"我听到他说，其余的话，我只能迷迷糊糊地听到，好像置身于厚厚的浓雾中。

"商学院决定暂时不考虑任何人转入永久职系，所有人，无一例外。"

"对，我知道你是出色的教师。"

"我们有什么办法呢？这是大学的整体策略。"

"韦逊已经和我谈过，但你要明白，这件事我做不了主。"

"对不起，不能延长任期，就算一年也不行。"

"校长非常坚决，我恐怕这是最后的决定了。"

"我所能做的，是给你写一封很好的推荐信，你应该得到的。多谢了。"

回办公室途中，我没有碰见任何人，但很奇怪，只有一个问题不停地在脑海中轰着我："茱迪会抛弃我吗？"

我锁上门，坐在桌前，尝试衡量一下我的处境，我沮丧极了。

两小时后，我打电话找菲腊，一位老朋友，我们曾经是同学，他在一所私立大学任职，薪酬比这里高得多，我一定要寻求其他出路。

"菲腊，你的大学有职位空缺吗？"

"当然有，但是，李查德，你应该在 5 年前申请，当我恳求你的时候。"

"忘记以前吧，我现在申请，有什么要做的？"

"没有用的。"一盆冷水当头淋下。

"这是什么意思？到底你们有没有空缺？"

"当然有空缺，而且急切得很，但是，李查德，听我讲，他们已经不再聘用像你这类人了，市场上到处都是教企业管理的人。"

"我是一个很好的老师。"

"我知道，但这不是问题所在，为了形象，现在他们只聘请有名气的讲座教授或助手，只有在企业界有多年实干经验的才会考虑，你一点儿机会也沾不上。"

是的，我没有机会，我又打了 3 个电话，给州立和社区大学的朋友，情况很明显，太迟了，我已经被踢出学术界，完全没有翻身之路了，为什么呢？我仍然一头雾水。

也许茱迪说得对，也许是时候让我多赚点钱了，如加入顾问行列。

顾问生涯，对我来说，差不多等同当娼，但这可能只是因为我太受那些躲在象牙塔、不敢出来面对现实世界的人影响了，他们只顾埋头写无聊的论文，没有勇气实践他们的理论。我鼓起勇气，再翻翻地址簿。

"嘿，丹尼，你需要顶尖儿的人才吗？"

"像谁？就像我。"

"过奖了，那么下一步我应该怎样做？应该在什么时候飞来见见负责的合伙人？"

"寄一份履历表，哦？……要列出我的顾问服务经验？但是，丹尼，我从未当过顾问啊。"

"哦，我曾经从大学取得拨款？丹尼，我看你误会了。"

5 分钟后，我放下电话，非常愤怒，但也吸取了一点儿教训，这些贪得无厌的渣滓！

既然已经开始了，我决定继续试试，找一些较小型的顾问公司，然后是更小型的。

简直荒谬，竟然要我自己找客户，大小事情一手包办，还要每月交 1 500 美元办公室使用费和会计服务费。

还是别妄想当顾问了，说到底，我不是当顾问的材料，我无法推销自己，我不喜欢也不懂得怎样推销自己，何况，教学已经是我的生命了。

那么，我还有什么选择？当中学教师？但我能在中学教什么呢？

还是不要想其他选择了，我是不会放弃我的教学使命的。仔细想想，必定有什么办法的，他们不可能就这样一脚把我踢走，我尽忠职守，履行了我的承诺，一定有方法逼使他们履行他们一方的承诺的。

我站起来，找韦逊去。

他一眼便看出来我的心情，说："你已经收到通知了吧？李查德，我也很遗憾，我一直在找你，并到处留口信儿给你。"

"我知道。"我坐下来，说："我还以为你找我是要我交下一篇论文的初稿。"

他沉默不语，只是用同情的目光看着我。

"韦逊，我不会坐以待毙，任由宰割。"

"你不会，但你能做些什么呢？"

"不知道，所以我来请教。我决定斗到底，我有什么选择？"

"选择？"他重复，"寥寥可数，甚至根本没有。"

"一定有的，你那么清楚这里的行政运作，你一定有办法。"他沉思了一会儿，然后说，"你和商学院之间没有问题，这里所有人都支持你，你已经通过了所有委员会，对于你，他们连一句负面的评价也没有。"

"那么，问题出在哪儿？"

"是云柏妍，这就是困难所在。云柏妍决定冻结商学院所有开支，当然，第一项要开刀的就是永久职系。我不知道详情，但院长已经为此和她争论了几个月，事情已经恶化到摊牌的地步了。云柏妍威胁，如果商学院提名任何人转入永久职系，她不单会否决，更会大幅削减开支预算。"

"那么，你是说，我成了一场政治斗争的牺牲品？我多年的付出全都付诸流水，就因为一场权力斗争？"

他点头，说："看来是了。"

"我要见云柏妍。"我说，"解铃还须系铃人。"

"那倒容易。"他令我大感意外，他说，"根据大学的规则，你有权要求面谈，而她也必须接见，但这有什么用呢？人人都知道她是一部冷血的效率机器，她关心的就只有大学。"

"我全靠这条途径了，谢谢你，韦逊。"我说，然后离开，他对我有点儿摸不着头脑。

我确信我对大学是有贡献的，一定有方法证明给她看，只要我能找出那个方法便可以了。

3天后，我在云柏妍的办公室内，她滔滔不绝地谈工商管理硕士市场的新趋势，以为我会在乎似的，当她杀气腾腾地说"很抱歉，但要做蛋糕就必须打破鸡蛋"时，我就了解到我面前是一堵何等坚硬的石墙。

那么，我现在就是一只鸡蛋，一只打破了的鸡蛋，仅此而已。

我终于了解到，要她接受我的观点，简直是痴人说梦，我必须用她的语言来跟她谈。

"如果我能令更多学生报读在职工商管理硕士课程，那又怎样呢？"我说。

她有点儿惊诧，但想了一想后，不大热衷地问："你有办法吗？"

我还未有计划，但反正也不会有什么损失，我说："我正在讲授项目管理课程，项目管理就是当今企业界最肯花钱的热门项目。"

她没有回应，我当作她默许我继续。

"你可能觉得奇怪，但当今这个领域的知识实在太不像话了，几乎没有项目能够不超时和不超支，就算能够，也是靠牺牲项目原来的内容才做到的。"

她示意我说下去。

"我们在这方面取得了重大的进展，学习如何更有效地管理项目，对任何行业来说，都有重大价值。"

"以及任何机构。"她同意。

得到了鼓励，我勇往直前："这知识是那么宝贵，我有信心能说服企业界派管理人员前来学习。"

我肯定撩起了她的兴趣。"继续说。"她说。

我于是告诉她关于早的和迟的起步日期之间的矛盾，那个令人们无法专注的矛盾，谈到衡量进展的指标怎样反过来妨碍进展，以及人们如何慷慨地在每个步骤里加进安全时间，后来却又胡乱浪费掉，我讲了差不多 1 小时。她聆听着，时而发问，我很欣赏她迅速掌握这些概念的能力。

接着，她说："你提出了很多问题，你有解决方法吗？"

她听了我的回应后，兴趣骤然跌至万丈深渊，我快要前功尽弃了，连忙说："我有信心找到答案，还有——，我能够多招徕 10 名学生参加在职工商管理硕士课程。"但看来并不奏效。

我尝试从她的商业头脑着手。"他们的学费足以支付我的薪金有余。"我费尽唇舌游说她。

她轻声说："李查德，多 10 名学生是不足够的，永久职系是终身的，就算你这一次成功，也不能保证你下一次仍能创造奇迹。"

我想争辩，她止住了我："你刚才说的相当发人深省，我们提供的知识必须有价值，否则工商管理硕士课程就没有前途。在我眼中，商学院目前所教的并不是很有价值的东西，我不断听到所谓"第一年的震荡"，指我们的学生毕业后发觉我们教的东西在工作上几乎都不管用，心灵上所受的挫折和震荡。

"所以，我们应该教授更好的方法去管理项目，这点你不用说服我。问题是，你是适当人选吗？"

"给我机会吧，我一定不负所望。"

我的信心从何而来？我也不知道，可能只是狗急跳墙式的反应吧，大概云柏妍也看穿了，因为她说："这类事情相当需要时间，而我也必须按规定办事。"

"我行的。"我说。

她打量了我良久，说："你是一个讲实际的人吗？如果不是，你如何为这些问题找出实际的解决方案呢？"

我正盘算着怎样回应时，她说："我老实告诉你，话说起来很堂皇，但我要证据，证明你是讲实际的人，先替我多找 10 名学生报读在职工商管理硕士班，我就延长你的任期一年。"

我试图争辩，但她充耳不闻，最后我离开她的办公室。我讨厌这所大学，我讨厌我自己，衡量一个学者的优与劣，理应根据他的教学及研究能力，而不是他向学生推销大学的工夫。我是绝对有资格转入永久职系的，这是专业评审委员会的裁决，但如今我变成了一个推销员，为什么呢？

15

TOC 生产管理引发灵感

Critical Chain

韦逊、费沙、采莲和我（李查德）在一个小教室内开会。

外边灰沉沉、冷冰冰的，不只外边，室内亦然。我的心根本不在会议上，也不在任何一处，过去几天，我一点儿振作起来的欲望也没有，只是机械地做着每日应做的事情：依时上班、讲课、翻翻学术杂志、回家。我连告诉茱迪那个坏消息的心情也没有，真不该，但急什么呢？她知道了又有什么用？证明她的看法一直是对的也于事无补，我知道我无权对她隐瞒，看来我们必须退回那辆白莱萨轿车并把房子卖掉。我们大概要搬离这个市，去哪儿呢？无所谓，外边灰沉沉、冷冰冰的。

韦逊解释会议的目的："在我的系统企划课程中，我开始发觉学生的意见越来越有见地，甚至有时候令我不知如何应对。采莲也抱怨她的成本会计学生令她不好过，现在，李查德在项目管理课程中也遇到同样的情况。"

"起初我们不知道这是什么引起的，但听过你的讲座后，费沙，我们没有疑问了。"采莲说。

费沙微笑道："那么，你是想让我停止讲授现在的课程吗？"

"绝对不是。"采莲立即回应，"我认为你教得很好，每个会计业专才一直都在怀疑有些事情不对劲，你的学生最近有本事那么清晰地指出成本会计的弱点，实在刺激了我。说真的，我有点儿不高兴，但我不介意，我只希望知道得比他们多一点儿，这个要求也不过分吧？"

"这基本上就是我们的要求。"韦逊把手搭在费沙的肩头上，"你的讨论会真引人入胜，但这不足够，我们想多知道一些你的生产管理课程。"

采莲笑着补充："第一，是因为我们真的想知道；第二，是因为我们不能不知道。"

我没发一言，我不同意，也根本不想知道，知道了又有什么用？拼命把垃圾往脑子里塞，我熬得太多了，这不可能保得住房子，也不可能留得住茱迪。

而且，那些哗啦哗啦的长篇大论，什么环链上的环，谬误之处太明显了，连3岁小孩也看得出是华而不实的东西。

"我很乐意。"费沙笑容满面。

他当然乐意，怎么不乐意呢？他已是讲座教授。

我肯定，他在去年的休学年，除了从大学得到丰厚薪金，也从优尼公司赚到一份厚酬。

费沙一本正经地说："TOC 的生产应用专题，是从聚焦五步骤（five focusing steps）引申出来的。"他站起来，走向白板。"第一步，大家可能还记得，是找出制约因素所在。"他写上"一：找出"几个大字。

"假设你找出了制约因素，即瓶颈，然后下一个……"

他那么自以为是，我实在受不了，我打断他的话说："够了，省掉那些垃圾，现实点儿吧。"我挑战他："在现实环境中，制约因素不止一个，别告诉我其中一个工作站（work center）的工作量会比其他的重，在数学上可能会，但实际上的区别根本微不足道。"

我不理会韦逊和采莲脸上惊讶的神色，继续说："甚至在你的环链比喻中，这点也很清楚。理论上有一个环是最弱的，但实际上呢？在一条真正的环链中，次弱跟最弱的环其实差不多，只不过是很轻微地强了一点儿，你的理论根据全都是站不住脚的。"

我必须如实地评价他的理论，我不再做好好先生了，在我还待在学术界的为数不多的日子里，就要放胆畅所欲言。是垃圾，我便骂它垃圾。

费沙的回应令我的血压暴升，他撑着他的"学者风度"，竟敢厚面皮地说："这是一个很有趣的问题。"

有趣？放屁！我揭穿了他，他是知道的。

如我所料，他马上掩饰，以花哨的数学混淆视听。

我几乎什么都听不进，他似乎在喃喃地说什么当你用线性规划

（linear programming）去解决方程式，然后做敏感度分析时，你会发觉，一个系统有两个制约因素，只会导致解决方案不稳定等。

韦逊开始转向我这一方，他问："费沙，你能不用数学方法去解答李查德的问题吗？"

"当然可以。"他说。

我把身子向前倾，挑战他："且看看吧。"我绝不容许他以一些空洞兼似是而非的话蒙混过关，这种花招我自己也耍得够多了，一下子就能看穿这种骗子。

费沙在白板左角画了一行圆圈（见图 13），说："圆圈代表不同的工作站，物料由左方流向右方。"

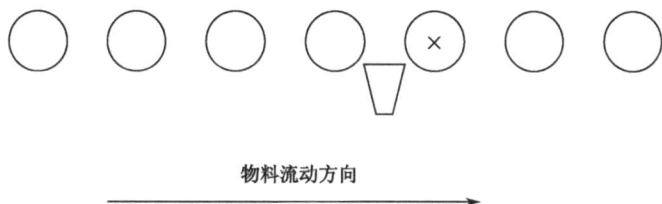

物料流动方向

图 13

"假设我们想尽量利用这个工作站，令它的使用率达到 100%。"他在中央的一个圆圈画上大大的"×"符号。"前面的工作站必须不停地供应足够物料给它，否则这个目的将难以达到。"

"不要忘记，在现实环境中，机器不一定能顺畅运转。"我说，试图确保费沙不能像写论文时那样，套用一些脱离现实的虚构例子。"也不要假设运转一直很有规律，工人可能放慢手脚，工具可能会坏，物料的流动可能出现混乱，你永远不能准确预知，你只知道这些事情是会发生的。"

费沙向我微笑。"正是这样。"他的反应好像我是在帮他似的，"在李查德描述得如此生动的实际操作环境中，我们要怎样做，才能保证×机器经常有足够的物料让它不停运转呢？"

"在它面前放置足够物料。"韦逊帮他一把。

"好主意。"费沙说,然后在那个×圈前面画了一座小山,代表一堆物料。"现在,正如李查德刚才说的,墨菲突袭我们了,上游一个工作站出现麻烦,令流向×机的物料停下来,但不用担心,根据韦逊的提议,×机器前面还有一堆物料,它仍然可以保持100%不停地运转。"

我喜欢这个表述,清楚简单。费沙很快便要认错了,我认为我们随意要多少个瓶颈都不是问题,代价只不过是多了一点儿库存罢了,我绝不容忍他胡来,以库存的成本作为借口,硬说瓶颈不能超过一个,绝不。

"好,进展不错。"他微笑,"但这时,会有什么事情无可避免地发生呢?流向×机器的物料停顿下来了,×机器靠这堆物料,得以继续工作,这个物料堆必然会变得越来越小。"

费沙顿一顿,转向我问:"大家是否同意,墨菲不会甘心只出击一次?迟早又有一台负责供应物料的机器(feeding machine)会停下来?"

虽然我看得出他想把讨论引向哪个方向,但我必须同意。

"如果是这样,这堆物料会逐渐被消耗掉,我们可以任由它消耗殆尽吗?"

我拒绝回答,我讨厌别人提出无聊的问题,更讨厌他们自问自答,而费沙正是这样,他说:"如果我们容许物料堆消耗殆尽,那么墨菲下一次突袭负责物料供应的机器时,×机器便喂不饱,再也不能百分之百时间工作了。如果我们不想物料堆耗尽,当供应物料的机器修好,物料流动恢复正常后,我们必须做什么?"

"尽快补充×机器前的物料堆。"韦逊也加入无聊的问答游戏。

费沙神气十足地说:"但是,为了达到这个目的,供应物料的机器除了要按正常速度供应×机器外,还要抢在墨菲再次出击之前迅速重建物料堆,换言之……"他看着我,"换言之,每台机器的产能都必须比×机器多。"

他回到自己的座位，说："结论就是，就算只有一个资源是我们想百分之百尽用的，所有供应物料给它的工作站都必须比它有更多的产能。墨菲不是好惹的，负责物料供应的机器只有有限的时间去重新建立物料堆，因此必须有多一点产能。"

我瞪着白板，费沙的表述竟然如此简练确切，我简直找不到瑕疵，如果他是对的，我便必须接受相关的聚焦五步骤了。

那又怎样？有什么不对劲？

我听到韦逊在背后问："供应物料的机器需要有多少额外产能？"

费沙回答："那要视故障的严重和频密程度，当然还有你会容许多少物料堆在×机器面前。"

我知道是什么不对劲了，自从我听到聚焦五步骤这个名词时，已经意识到它就是解开项目管理之谜的钥匙了，我曾试图掌握它，但现在云柏妍以项目管理这个题目要我证明自己值得转入永久职系，我才不会自降地位，陪她玩她的游戏，我早已自我证明了，所有专业评审委员会都认可了我。

韦逊和费沙都站在白板前，写上一些方程式。

但如果我能够在她的游戏中击败她呢？看来根本不可能。

为什么我会认定自己解决不了项目的问题？

"李查德？"采莲拍拍我的手臂，"我必须学会这些东西，可以让费沙继续吧？"

我冷冷地瞧了她一眼。

她说："我还有两小时便要授课了，你在浪费我们的时间。"

她是那么自我，我比她更急于要学懂这些东西啊！

"你为什么针对我？"我说。

她不理会我，回头转向他们说："那么，第一个步骤是'找出'。费沙，韦逊，我们继续好吗？"

我说："接着的步骤是'挖尽'和'迁就'，然后是'松绑'和

'回头'，很简单，我的问题是，怎样把它转化成有效的后勤方案？一些实用的东西？"

韦逊返回座位，费沙把白板擦干净，然后写上余下的四个步骤。

他写完，回过头来，半严肃半挖苦地问我："我可以打个比喻吗？"

"当然可以。"

他转向白板，在所有圆圈上都加上腿和鼻子（见图14），说："现在视他们为一队士兵，正在步操，你们能够看得出这和工厂有什么相似之处吗？"

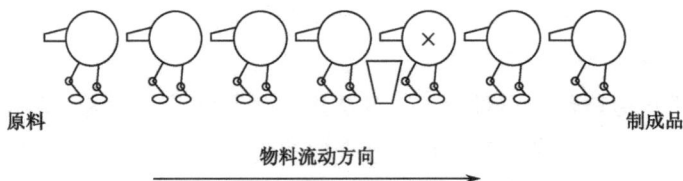

原料　　　　　　　　　　　　　　　　　　　　　　　制成品

物料流动方向

图 14

我们看不出来。

"第一排士兵踏上的是新路，处理原料，随后的每排士兵依次处理同一段路，直到最后一排士兵交付成品，而成品的量就是全队士兵所走过的距离。"

"现在我懂了。"采莲说，"起初有点儿混淆，因为在工厂里，机器不会到处跑而物料却会，这儿刚巧相反，但我同意，这不碍事。"

费沙继续说："如果第一排士兵拿取原料，而最后一排士兵交付成品，那么第一排和最后一排之间的距离就是在制品库存（work-in-process inventory）的量，在我们的图解中，库存是清晰可见的。"

我对库存不感兴趣，它和项目无关。"完工时间又如何？"我问。

"道理一样。"费沙回答说，"生产的完工时间就是从第一个士兵经过一点，直到最后一个士兵经过同一点所需的时间，所以说，第一排士兵和最后一排士兵之间的距离越长，完工时间就越长，在制品库存和完工时间是孪生兄弟。"

要理解这个比喻不难，我只不过想让他用完工时间来表述，而不用库存。

费沙继续解释："当这队士兵离开军营时，他们之间的距离很近，但走了3千米之后，再看看他们，会发现什么呢？他们分散在整个郊野上。"

"完工时间膨胀穿破屋顶。"我对自己说。

"军官会叫停，队伍重新编整，再度起行。把军队叫停，有效产出必然有损失，我们可以看到，就算'工厂'这么简单，问题也不少，整体来说，完工时间太长了，而有效产出也间歇得有所损失。"

我开始喜欢费沙的比喻。

他转向采莲说："如果我们以效率来衡量每个士兵，结果会怎样？"

这问题很有趣，应该怎样回答呢？

采莲采取一个很有系统的答法，慢慢地说："效率高，即产量高，在我们的比喻中，那就是走得快一点。"

她渐渐加快说话速度："这正是我们要求的，我们要士兵们走得快些，我看不出这个做法有什么不对。"

我也看不出来。

费沙问她："我们要求每个士兵走快一些，还是全队走快一些？"

"两者有什么区别？"

"你忘记了我们有瓶颈。"他指向那个画上"×"的士兵。

"全队前进的速度受制于瓶颈的速度，'×'不是排前头的士兵，如果我们鼓励每个人以自己最快速度走，那么队伍便越来越散开了，完工时间也越来越长。"

对，我们都明白，跌进成本世界的死胡同，实在太容易了。

采莲评论说："这正如你举过的那个钢铁公司的例子，以每小时吨数来衡量每个工作站。"

"一点儿不错。"费沙点头,"问题是,以什么做法取而代之呢?看看这个比喻,它可能给你们一点儿线索。"

我们看看,一点儿头绪也没有。

"怎样才能防止士兵散开?"费沙不气馁。

我仍然不知道答案,于是尝试开玩笑:"我们可以用链把所有士兵锁起来。"

"那就是装配线。"韦逊跳起来,开始踱步,"装配线上的输送带!"

我想了一想。"我不明白。"我承认。

"我也不明白。"韦逊说,然后坐下来。

费沙在那些怪模怪样的士兵之间画上一连串的链,问:"链有什么作用?"

"看看瓶颈前面那个士兵,理论上他走得比瓶颈快,所以他们之间的链扯得很紧,现在这个士兵再也不能以自己的正常速度前进了,由于链的约束,他只能以瓶颈的速度走,队伍不会散开了。韦逊是对的,我们在装配线上就用上这些链,输送带上有限的空间,作用就和链一样,请看一看。"

"假设装配线上一个工作站速度比下一个快,它们之间的输送带上堆放的物料就会越来越多,即链拉得越来越紧,如果输送带满了,那个较快的工作站便再也不能以正常速度运作,而被逼以输送带上空间出现的快慢来调节自己的快慢,换言之,以下游工作站的速度来生产。"费沙说。

"及时生产系统也用得上这个概念。"韦逊慢慢地说,"及时生产系统不用输送带,而用标准容器,工作站之间可以出现多少个标准容器是有规定的,概念完全一样。"

"对。"费沙同意,"而我们都知道装配线和及时生产系统是多么有效,用了这些方法,完工时间远比传统方法短。

"那么,这些方法的精髓何在?"他继续问,"为什么那么有效?"然后他自己回答:"他们做的只是为每两个工作站之间可以容许多少物料设一个上限，上限一到，上游生产那堆物料的工作站便禁止以百分之百的速度运作。"

我明白了，但仍然有件事情困扰着我。

"停一停。"我要求他，"让我整理一下脑子里的想法，否则我没办法将生产理论用于项目管理上，不好意思。"

"慢慢来吧。"

"让我告诉你，是什么困扰着我。"我停了停，然后说，"在讨论会中，你表述了一个用途广泛的程序，即聚焦五步骤，如果我的理解正确，你宣称并证明了聚焦五步骤不但有帮助，还是必须依从的。"

"对。"韦逊代费沙回答。

"对我来说，'必须'是指如不照办，好成绩便不会来。"

我卡住了，无法指出问题是什么，韦逊代我说："现在，我们眼前，如装配线和及时生产系统等方法，明显是行得通的，那就是说，要么它们依从了聚焦五步骤，要么五步骤是一派胡言。"

谢谢你，韦逊，现在我知道怎样继续了，我说："很明显，装配线和及时生产系统都没有依从聚焦五步骤，它们不但没有首先找出瓶颈，甚至根本不考虑瓶颈存在与否，那么到底聚焦五步骤错在哪里呢？"

费沙看一看我们，又看一看白板，然后坐下来。

"我不明白。"采莲对韦逊说，"你把事情说成非黑即白，如果及时生产系统只依从了其中一个步骤，那又如何？成效会比那些完全不用聚焦五步骤的方法好吗？"

"会。"我同意，"但及时生产系统依从了哪个步骤？似乎不是第一和第二步。"

她问："第三步又怎样？不准工作站以它们各自最高效率运作，这就是'迁就'。"

"对，就是这样。"我再一次同意她，"但，那么……"

依然有点儿不对劲。

费沙延续我的推论："那么，如果我们完全依照五个步骤，不单单是一个，必然会产生更好的方法，这就是我们期望得到的。"

"等一等。"我再次止住他们，"这点很重要，可以慢慢来吗？我现在确信更好的方法是存在的，但在揭晓前，先看看装配线和及时生产系统有什么环节不大妥当。"

韦逊好奇地问："这样做，用意何在？"

费沙代我解释："他只不过想知道，如果我们不认识聚焦五步骤，能否断言一个更好的方法是存在的。"

我尴尬地澄清："其实，我没有扯得那么远，我只不过想知道，项目遇到的问题在装配线上是否会出现。"

采莲看看手表，但韦逊和费沙都鼓励我试着表达。

我不知道从何入手。

我站起来，走到白板旁，慢慢拿起笔，看看费沙的士兵，他们现在全都被一条链串着，我说："正如我们所说，链其实象征一种限制，控制每个局部环节的库存。"费沙已经在"×"士兵前面画了一堆库存，我不假思索地在每两个士兵之间都加上一堆。

韦逊说："费沙，我们可以把这些堆当作机器面前轮候的长龙吗？"

"它们正是。"

我不耐烦地说："我们暂且不谈库存，只谈时间。"

费沙很有耐性地说："你说下去吧。"

我随便指向一个士兵，说："如果这个工作站发生问题，那么这个堆的大小就代表下一个士兵还可以继续工作多久，直至被逼停下来为止。"我慢慢地说："在某种程度上，这些堆代表工作站所享有的保障，避免受上游发生的问题影响。"

"你可以这样说。"费沙同意，"它们代表一种安全保障。"

"安全保障，对了！这就是和项目相关的地方，你们看到了吗？"对呀！"我早说过，必须把库存看成时间，在生产线上，我们以库存保障工作站，在项目中，我们以安全时间保障步骤。"我说。

"我明白你的意思。"韦逊评论说,"而我也同意,但我依然觉得有不同之处,项目的情况更糟。"

"为什么?"

"因为,如果发生停顿,库存不会因此而消失;但在项目中,时间溜走了,就一去不返啊!"韦逊说。

我还在思考这点,采莲忽然说:"我有个大问题,为什么我们要这样做?为什么要保障每个工作站的表现?我还以为大家已经认同局部的效率是不算数的。"

这句话听起来十分熟悉,然后我想起露芙的埋怨"我们尝试保护每个步骤的表现",我也记得露芙接着说的"我们加进了那么多安全时间,而项目整体还是危机四伏",这是否表示装配线也是危机四伏?当然是。

"谢谢你,采莲。"

"谢什么?"她仍为我先前的无礼生气。

"你指出了装配线和及时生产系统的问题,我们到处加插保障,但总是不足够,装配线整体还是危机四伏,一个工作站出现事故停下来,整条线很快也要停下来。"我说。

她说:"当然,我们要有 100%效率的唯一地方,唯一需要保护的地方,就是瓶颈,就是开始时费沙所说的,这就是那堆库存应该出现的地方,就在瓶颈面前。"

我同意,但我不知道怎样才能做到,我们必须在那儿设立保障,而不是在其他地方,但同时必须防止士兵散开,这两个要求似乎互相矛盾。

我们都望着费沙。

好一会儿他才发觉我们正在等待他展示解决方案,那个更好的方法。

"你们已经解决了它啊!"他惊诧地说。

韦逊代表我们说:"我们已经解决了它?怎么没有发觉呢?"

"你们已经说得很充分了，起点就是瓶颈，为了挖尽它的潜能，我们必须保障它不受其他环节的事故影响，这解释了为什么必须在它面前设置一堆库存，但不能太大堆，否则会导致库存过高或完工时间过长，所以……"

他停下来，等待我们接续。

我们面面相觑。"所以，我们不知道怎样才能做得到。"我说。

"用绳子将第一个士兵和最慢的士兵，即瓶颈，连接起来，仅此而已。把所有士兵串起来有什么好处？这只会导致物料在所有士兵之间堆积，不能畅顺地流向瓶颈并在那里堆积，而绳子的长度，我们称之为缓冲（buffer），则象征库存可堆积的数量。"

我正尝试消化。

韦逊亦然，并且高声说出他的想法："如果将第一个士兵和瓶颈连接起来，他就只能以瓶颈的速度前进，这个很好，士兵便不会散开。所有其他士兵，因为走得比瓶颈快，将挤在一起，有些挤在第一个士兵后面，其他的挤在瓶颈后面，那么队伍散布的距离将和我们选择的绳子长度相等，这个设计干净利落，它确保瓶颈前面一定有空间，所以，如果前面的士兵停了下来，瓶颈仍然能够继续走，提供保障作用的库存就累积在这里，妙极了，费沙。"（见图 15）

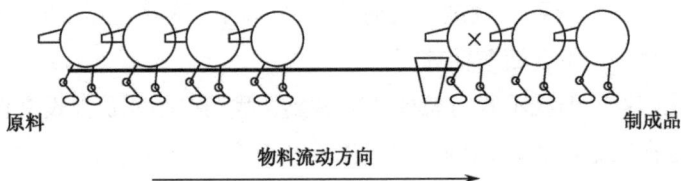

原料　　　　　　　　　　　　　　　　　制成品

物料流动方向

图 15

费沙继续说："在实际运作上，我们的做法是这样的，首先，找出瓶颈，然后决定缓冲的长度，一个普遍通用的计算方法是将产品完工时间除以二，然后……"

那么，生产线也以时间作为表达缓冲的单位，费沙现在谈的对我不太重要了，项目跟生产不同，工作只做一次，我不能照抄生产那一套，但可以将概念转化，然后找出适当的机制在项目中推行。我掌握窍门了，只需要依从聚焦五步骤便可以了。

我已经看清楚我的首要问题，项目的瓶颈是什么？我们必须把绳子结在什么地方？还有，我怎样决定缓冲的大小呢？

但我已经看到了很多答案，结绳子的方法将解决早的起步日期和迟的起步日期之间的矛盾，绳子也会有效控制工作量的发放，令多任务的难题大为消减。我必须更深入地思考清楚，但我感觉到答案已经近在咫尺了。

采莲站起来，说："对不起，我有一堂课要赶。费沙，有一件事我想请教你，局部的效率和差异都是错误的衡量项目，我完全同意，但有其他选择吗？我们应该衡量些什么？或者你是否建议根本不采用任何运作上的衡量项目？"

"绝对不是。"他马上回答，"你们想安排另一个会来讨论这个问题吗？"

我们都把记事簿拿出来了。

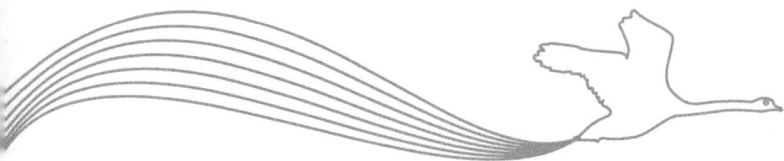

16

三种缓冲各显神通

Critical Chain

"以上所谈的，有道理吗？"我问他们。

马可、露芙甚至佛烈，看来都准备宰了任何敢说"不"的人，幸好，他们找不到目标。

这 3 人的狂热程度，实在有点儿令人惊诧。上一堂课，当我带领全班开发解决方案时，他们的取向就 180 度转弯了。我不是说他们以前故步自封，而是说现在他们仿佛见到了一线曙光，便把自己的事业前途完全寄托于成功推行这个方案似的。

上星期二早上，他们 3 人一同来到我的办公室，争相游说我到赞厘模顿公司走一趟，和马可的小组谈一谈。

"这个解决方案几乎是违反人性的。"马可相当担心，"我不知道怎样劝服人们除掉安全时间。"

"而众人的认同是必要的。"露芙补充。

佛烈不断地重复："小组不认同，就不可能有成果。"

其实他们不用逼得我那么紧，我本来就梦寐以求一个机会，让我在真实的项目中试试这个新构思。

今天是星期四，我和开发 A226 数据机的项目组谈了 3 小时，虽然我对数据机一窍不通，仍然令他们相信我对项目管理的难题和通病了如指掌，这实在不容易，我还跟他们就现况达成共识，就写在白板上：

我们一贯以为，要保护项目的整体，唯有靠保护项目所有步骤的完工日期。

这引起的后果是：

我们在所有步骤都加进了很多安全时间。

我们被以下 3 个现象拖累：学生症候群、多任务和延误的累积（而提前完工所赚得的时间却不会累积）。3 个现象拼凑在一起，浪费了我们绝大部分的安全时间。

我也很容易地令他们认同聚焦五步骤才是真正有意义的，五步骤也写在白板上。

真正的挑战还在后头，白板上所写的，再经由逻辑推演而衍生出来的新事物，我有办法说服他们采纳吗？我有办法带领他们开发出解决方案吗？

我深深地吸一口气，挺身而出。

"那么，项目的制约因素是什么？我们应该选择什么作为瓶颈的参照？"

一片沉默。

既然他们对课题有兴趣，沉默只代表一种情况：我的问题难度太高了，我还是把它切割成小块吧。

"好吧，暂且不理会面前那一大堆难题，而试着想象一个景象：你们开发了一个很棒的产品，A226 数据机如期推出，而营销部成功地把它变成一颗十分赚钱的明星，那么，公司的制约因素在哪里？"

"生产部。"其中一位回答。

"绝对是。"另一位支持他，"我们的产品那么棒，生产部永远没有办法满足市场的需求。"

我说："那么，在这美好的景象中，瓶颈大概会在生产部，瓶颈是什么？"然后我回答自己的问题："瓶颈就是一个资源，它的产能不足以满足市场的需求，因此，瓶颈制约着公司，令它不能赚取更多的钱。"

这点他们很容易就明白了。

"现在让我们回到现实的环境中，A226 数据机目前在你们手中，即工程部，现在赞厘模顿公司被什么东西制约着，令它不能在 A226 数据机身上赚取更多的钱？"我问。

"我们还没有把它开发出来。""正是。"我说，"那么，在工程部，公司对你们的要求不在产量，而在……"

"依时完成开发任务。"这个问题难不倒他们。

马可不完全满意。"或提前完成。"他插嘴道。

我们正在小组的房间里，这里肯定有项目的计划评核图，我看见它就挂在对面的墙上，很大幅、彩色的，我走过去站在它旁边。

"看看这个图。"我要求他们，"它列出开发数据机的所有步骤，由项目开始到结束，是什么东西决定了完工时间？"

"关键路线。"他们立刻回答。

"那么，项目的制约因素是什么？我们应该选择什么作为瓶颈的对等因素？"我重复刚才的问题。

"关键路线。"

就这样简单，为什么我花了整整一个星期，几经挣扎才找到这个答案？大概因为最明显的东西往往是我们最后才看得见的。"好。"我说，"我们找到了制约因素后，怎样挖尽它的潜能呢？"

"不浪费它。"

表面听起来有理却没有实质意义的答案，愚弄够我了，"不浪费关键路线"是什么意思？

不用不同的字句来表达，必定不会得出真正的意思，我就是要逼他们动脑筋。我在课堂上花了不少气力才令学生思考出答案。

"不浪费什么？"我问。

接着的一连串的问和答，都是预料中的，答案由"关键路线"移向"时间"。我们再度澄清，时间是基于预估和压力后的，我们就得出"不要浪费关键路线上的时间"，关键路线上的任何延误都会拖累项目。

听起来有点儿像语义学？也许，但有时候语义学的作用是举足轻重的。

然后我提出一个大问题："我们现在是怎样在关键路线上浪费时间的？"

有过去 3 小时所学作为基础，他们发掘了许多答案，但他们似乎故意不提那个最明显的核心问题，就是我们在每个步骤都加进了大量的安全时间。

也许他们害怕宝贵的安全时间会被拿走，他们也可能只是没有想到而已，哪个是真的？我不知道，我只知道我必须花大量时间，把每个答案跟白板上的各点联系起来，反复强调：针对症候是没有用的，必须针对核心问题，咬紧牙关，狠狠痛击在每个步骤都加进大量安全时间的恶习。

也许他们的犹豫源于一个隐含的要求——"那么，你要我们把时间减至 1/3？"

"我不要你们做什么。"我澄清，"我只不过指出你们必然会得出的结论。你们同不同意，我们不应该用安全时间来保护每个个别的步骤？"

"同意。"

"每个步骤都最少有 200% 的安全时间，这是事实吗？"

他们在一些枝节吵嚷了一会儿后，答案仍然是"这是事实"。

"1 加 1 等于 2。"

我需要用不同方式把这点最少重复 5 次。最后，有人问："但我们还是要加进一些安全时间吧？"

"当然。"我说，"墨菲是存在的，我们必须把安全时间放在最要害的地方以保护制约因素。我们的制约因素是什么？"

"关键路线。"

"那么，我们必须保护关键路线的完工日期，对吗？"

"对。"

"我们把安全时间放在关键路线的末端，把每个步骤的预估时间削减，便会释放出足够的时间来建立一个项目缓冲（project buffer）。"我画了两个图来解释，即原来的关键路线和加了项目缓冲的关键路线，这有点儿帮助（见图 16）。

他们开始把这个概念跟他们的项目联系起来，由现在开始算，A226 数据机必须在 6 个月内完成，关键路线只走了一小段，根据最新的预估，项目将延误达两个月，在他们的公司来说，这等于犯了滔天大罪。他们已经在谈论，以牺牲数据机某些性能来换取时间，但马可仍未同意。

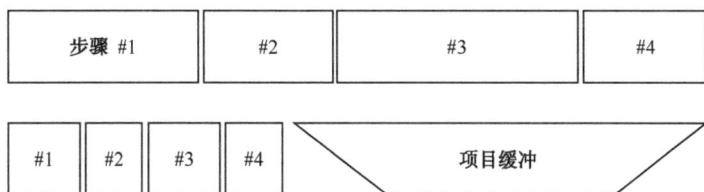

图 16

我试着帮他们一把:"我们把余下步骤的最新预估加起来,总共是 8 个月,如果我们实行刚才说的,就可以建立一个超过 5 个月的项目缓冲!"

没有人欣赏这个提议。马可大嚷,说 5 个月的缓冲实在长得离谱。他的下属也斩钉截铁地说,任何认为可以以 1/3 时间完成任务的人,一定是发疯了。

好一会儿,这里变成了一个动物园,怪叫四起。

马可要用最高音量才能把他们压下来。

他尝试安抚他们:"用这些削减了的预估,我明白,每个步骤按时完工的机会只有五成。"

立即有回应:"五成?嘿!""低于一成才真!""实行?想也不要想!"

理论上同意项目通常包含超过 200%的安全时间是一回事,真的动手削减预估时间是另一回事,这就是惰性。

"我不打算……"马可的声浪盖过所有人,"我不打算宰了任何人,无论你们如期完工与否,我只是想见到大家各尽所能,最快速及最妥善地执行各自的步骤。"

这一招有帮助,尤其他重复又重复,澄清再澄清后。

有人对建立这样一个缓冲有保留:"最高管理层一定会立刻向缓冲开刀,把它削得一干二净。"

"没有可能。"马可信心十足,"项目已经进行得如火如荼了,最高管理层不可能在这个时候插手搞乱它的,我们只要在承诺的日期或之前交货便行了。"

最后他们达成以下共识:每个步骤的时间只削去一半(在马可的催促下,他们至少口头答应会尝试以比这个更快的速度完成),另一方面,项目缓冲的长度并非所有被削去的时间总和,而只是总和的一半,马可坚称两月已经足够有余。我怀疑他如此坚持是为了令项目在原来承诺的日期完成。

我把图贴在白板上,反映他们的最新构思(见图 17)。

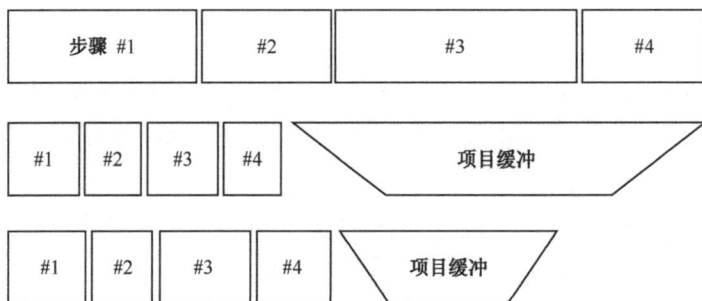

图 17

一切都决定好了,马可把接力棒交回给我。

"挖尽制约因素的潜能,不要在关键路线上浪费任何时间。"我开始说,"除非其他所有东西尽量迁就制约因素,我们是无法真正挖尽它的潜能的。"

"为什么?"露芙问。

我回答:"不懂得迁就,其他路径遇到麻烦便会直接连累制约因素,令它损失时间,换言之,没有好好保护制约因素。"

她同意,但其他人看来很困惑。

我解释:"至今你们集中注意力在关键路线上,这肯定有帮助,但告诉我,项目是不是已经出现过接驳路径上的麻烦连累关键路线的情况呢？”

他们笑了并开始举出各种例子向我开炮，我不明白他们的术语，但还是让他们畅所欲言，主要是让他们了解，关键路线遇到的大部分麻烦其实不是关键路线本身引发的，这是唯一让他们明白的方法，迁就不是可有可无的礼节式举动，而是必需的。

弹药用光，他们停止发炮后，我问："你们是不是同意我们必须有所行动，设法保护制约因素，让它不受非制约因素的问题连累呢？"

要认同这句话不难，难就难在怎样才能做到。

"在生产管理上，这个问题是怎样处理的？"我问，"他们怎样保护瓶颈，令它不受非瓶颈的问题困扰？"

"他们在瓶颈面前建立一个库存缓冲。"

"我们这里不谈库存。"我提醒他们，"谈时间吧，我们必须怎样做？"

"建立一个时间缓冲。"

"在什么地方建立这些时间缓冲呢？"我走近挂在墙上的计划评核图，放一把尺子在关键路线上，"在我们的实际环境中，'在瓶颈之前'是指什么？"

他们很快便认定，必须在每条接驳路径与关键路线会合的地方插入时间缓冲。

"缓冲的时间是取自哪里的呢？"

至今，他们已懂得那个公式：在每条接驳路径上，将各步骤原来的预估时间削去一半，然后以削去时间总和的一半作为该路径的接驳缓冲（feeding buffer）。

不到半小时，新的计划评核图得出来了，计算机软件实在奇妙，能将绘图工作简化，但同样奇妙的是，如此先进的软件却无法帮助我们解决真正的问题。

他们细看计划评核图，情况远比预料的好，只有两条接驳路径的缓冲被之前的延误吞噬掉了（见图 18）。

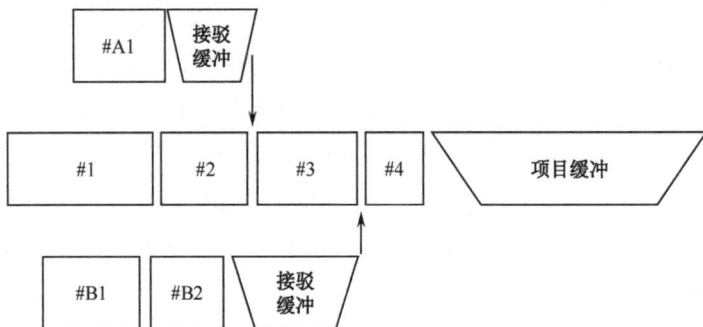

图 18

"我早就说过，这玩意儿行不通。"一个消瘦的家伙很快就得出了结论。

"我们怎么办？"马可问我。

"集中力量，拉回正轨。"我答，"不用大惊小怪，这两条路径的延误都只是大约两星期。不要忘记，如果真的无法把它们拉回正轨，你仍然有两个月的项目缓冲作为最后防线。"

这个看问题的新角度他们还未领悟到，接驳缓冲保护关键路线，免受非关键路线上的延误冲击，就算延误比接驳缓冲还要大，项目完工日期依然受项目缓冲保护。

他们很喜欢这个解决方案，我留意到另一件事，在那两条出现延误的路径上，正在进行的步骤都以红色做记号，大概表示最高优先权，奇怪的是，还有其他许多步骤是红色的。

有一个步骤被加上了红点，它的接驳缓冲却是好端端的，我不禁问："为什么给这个步骤优先，急什么？"

没有人回答。马可走近，看看这个步骤的说明，然后转身问其中一个下属："急什么？"

"我不知道。"他答，然后指指那个消瘦的家伙。

"你们看到下一个步骤了吧？"这个人的声音很刺耳，"下一个步骤是我的人员负责的。"

"那又怎样？"

"在前面的步骤完成之前，他们没办法开工。"

我仍然不明白。

马可也不明白。

一个刺耳的解释来了，那个人说："我的人员正闲着，没有其他工作可做。"

他们围攻他，盲目崇拜效率的病态仍然是这样普遍，不限于生产部。我怀疑有多少"紧急情况"是真的，他们大概也有同样的怀疑并马上检查图上的每个红点，最后，只剩下 4 个是真正紧急的了。

这好多了，但事情还没有完。

"还有其他东西会连累关键路线。"我提醒他们，"有时候，关键路线上的步骤准备就绪，唯独欠缺相关的资源，因为它正忙着其他事情。"

我们讨论如何避免这类延误，于是他们发明了资源缓冲（resource buffer）。

我还未在课程中涉及过这个概念，他们的辩论令我在推行这个概念的实际方法上得到很多启发，但我不能再逗留了，今天晚上我有歌剧院之约，我不能失信于茱迪。

于是我离开了，而他们还在细节中打滚。

17

怎样衡量缓冲

Critical Chain

"推行比我们想象中顺利。"马可说。他总结了对全班的简报。

"成绩怎样?"白赖仁问。

马可显得有点儿烦躁,说:"我们在 4 星期前才学会这套方法,而真正实行也只不过是 3 星期前,你知道啦,以一个为期两年的开发项目来说……"

"3 星期算不上什么。"白赖仁替他完成句子,"我明白,但看到任何实质成果了吗?"

"实质成果是指什么?"露芙泼辣了一点儿,"你是否期望我们用 3 星期完成项目?我希望不是,那么,还有什么东西是实质的?"

"喂,我不是在挑剔你啊。"白赖仁自辩,"我认为你们所干的实在了不起,我只不过想知道你们有没有任何实质证据证实有所进展,仅此而已。"

佛烈把手放在露芙的臂上,向白赖仁说:"有一些数字,我必须先解释一件事。大家还记得,关于怎样衡量项目进展我们曾提出什么批评吗?"

"记得,记忆犹新呢。"

"嗯,我们改变了衡量进展的方法,现在只衡量关键路线,只看完成了关键路线的百分之几,这就是我们唯一关注的。"佛烈说。

"我们也是这样做的。"白赖仁回答,"效果好多了。"

那么,学生们正学以致用,我真的兴奋不已。

佛烈点头,然后继续说:"根据这个衡量原则,我们过去 3 星期的进展很大,例如,之前 3 星期……"

"别提那些数字了。"马可打断他的话,"让我更具体地谈谈我们的进展。当所有人都清楚知道项目一定不能如期完成时,你知道他们的反应是怎样的吗?"

他以悲苦的语气自答:"每个人都向项目经理施压,要他走捷径。首先,牺牲品质检查,然后把计划中的某些要求降低或干脆剔除。"

"计算机软件开发也是这样。"查理会心地微笑,"没有分别。"

马可挥动他的大手说:"1 个月前,小组成员已经向我建议哪些部分应该删除了，他们要我出面跟领导商讨。今天，只过了 3 星期，我已经没有再遇上这种压力了。白赖仁，你明白其中的含义吗？"

"他们开始有信心可以依期完成了，实在了不起。"

"好得难以置信。"泰德开口了，"我用心聆听你们所采取的行动，听到的只是你们搬动了一些数字，为什么能够产生这么大的影响呢？"

不像马可和露芙，佛烈在笑，他说："搬动数字真的可以产生天大影响，泰德，假设一些数字从你的银行账户搬到另一个人的账户中，影响大不大？"

泰德也跟全班一起笑了起来，然后他澄清："马可，这个我明白，但一定有其他因素，你们的做法和以往有什么真正区别？"

"没有区别。"马可想了想后，继续说，"但你们必须明白，人们的心态不同了，正如我所强调，警钟不再误鸣了，人们不再只因为下属没有足够工作可做便催逼其他人了。"

露芙走到台前，说："还有一个很大的区别，我们不再有里程碑了，以前你知道还有两星期去完成手头的工作，赶来干吗？现在不同了，要么是不启动一个步骤，因为时间太早，要么在可以动工的时候以最高速度执行步骤。你们都看见了，由于预估时间大幅削减，人们不再那么肯定自己能够依时完工了，因此不敢拖延，我可以说，'学生症候群'消失了。马可，你同意吗？"

"当然同意。泰德，你看到了吗？以前，我们用里程碑，当你知道有两星期去完成一个步骤时，那两星期便是你拥有的了，作为项目经理的我，无法叫你提早一些完成，况且，如果我在第一个星期刚完便向你催逼，甚至只是询问进展，你就会认定我越权了，'还有一星期嘛，你到底要我怎样？'"

"现在情况不同了，我们削减了预估时间，人们知道，有相当大的机会不能依期完工并明白为什么我会关注，为什么我一早便来查看他们的进展了。"

"这样做很有道理，"泰德总结说，"也会有成效。"然后他说：

"我必须承认，现在我才看到人的行为这个因素，我早已明白为什么我们要削减预估时间，由九成的按时完成概率削减至仅五成，但我现在才看到整体的影响。回顾整件事，道理相当明显。"

露芙评论说："只要你所做的事是有道理的，你会发现，以其他角度看它，也同样有道理。"

马可不打算介入哲学性的讨论，他说："另外有一件事我要提一提，就是多任务。免除警钟误鸣及缩短每个步骤的时间，对减少多任务很有帮助，人们不再频繁地在多个任务中跳来跳去，慌慌张张的情形大减，这对缩短项目的完工时间到底有多大贡献？我不知道，但肯定有贡献。"

露芙转向我，说："李查德教授，你每星期都来看我们，得出什么印象了？"

我只能就我所见到的谈谈，而在每次 1 小时的探访中，实在得到的不多。"要我说多任务实际减少了多少，尚言之过早，但我可以肯定，人们的注意力集中得多了。"

"项目也集中得多了，这是肯定的。"马可同意。

"我可以发表意见吗？"佛烈向马可提出一个修辞性的问题，"我认为我们采取的最重大行动，就是建立资源缓冲。"

"对。"马可说，"以前普遍的现象是，一个步骤的所有东西都已经准备就绪，但人却不在，他们正在忙其他的。我们决定，绝不能让关键路线上的步骤出现这种情况，现在，当关键路线上一切都已准备好了时，我们也必须预先准备好相关资源。"

"你是怎样做到的？"泰德感到诧异，"我们谈过的课题中，我认为唯独资源缓冲是百分之百不切实际的，你真的迫使资源在开展关键路线上的工作前一星期就开始候命，不做任何其他工作？又没有人反对？"

"不，不是这样的。工作之前一星期，我们只不过发出一个警号，提醒人们即将到关键路线上工作，工作前 3 天，我们再提醒一次，工作前一天，又来一次，而当时我们已经肯定其他一切都会就绪。

最重要的一点是，人们知道，时间一到，他们必须放下手头所有工作，转而执行关键路线上的工作。"

"我没有听过任何抱怨。"露芙说，"相反，人们很欣赏我们的通知呢！"

"这点很重要。"佛烈强调，"没有它，我敢肯定已达到的大部分改善都会被毁掉，让你看看我们的进展，我提一个数字吧，3 星期前我们开始项目时，项目缓冲是 9 星期，现在它仍然是 9 星期。"

马可补充："虽然当时每个人都认为我们留给每个步骤的时间太短。"

"谢谢你。"我说，全班拍手喝彩。

正当 3 人走向座位时，佛烈回头说："还有一件事我想问问。"

"随便。"

"我不满意我们衡量进展的方法。"

这句说话立刻令马可止步，他问："有什么问题？"

"我只监察关键路线，至今一切正常，但我恐怕非关键路线可能正在酝酿一些麻烦，而当麻烦发展至足以延误关键路线时，补救可能已太迟了。"佛烈说。

"这是一个问题。"马可呆在走道上。

"坐下来吧。"我说，"没有问题的，你进行的监察是正确的。"

我信心十足，上一次我们和费沙讨论运作衡量时，曾经详细讨论过缓冲管理，我绝对相信他们的做法正确。

我说："佛烈，你正在监察项目缓冲，对吗？"

"对。"

"你怎样进行的呢？"

"很简单。"佛烈说，"如果关键路线上的一个步骤完成了，比如说，比预估的时间早了两天，我就将项目缓冲加大两天，如果迟了，我就缩小缓冲，其实我不必等到步骤完成才这样做，关键路线上的工作人员每天都给我最新预估。"

"那是已经完成工作的百分比估计吗？"

"不是，我对这个不感兴趣，他们给我的预估是，还需要多少天才可以把手中的球抛给下一个步骤。必须指出，这个过程有时候是蛮有趣的。举个例子，上星期，他们的报告说要 4 天，下一个报告说要 3 天，然后却突然变成 6 天，原因是遇上了麻烦，他们大为紧张。翌日上午又下降至 1 天，因为他们在解决该麻烦时偶然发现了一个加快完成工作的好方法。"佛烈说。

"如果你担心非关键路线正在酝酿麻烦，何不照这个方法办？"我问。

他看起来很困惑。

"我们没有这样做吗？"露芙似乎也混乱起来了，"马可，你怎样判定一条非关键路线是否遇到麻烦了呢？你没有用同样的方法处理每个接驳缓冲吗？"

"现在想起来，我们基本上都用了，但不是正式的。佛烈，你可以监察所有缓冲吗？不仅是项目缓冲。"

"没问题，我可以每天给你一份报告。"佛烈非常合作。

"他们应该怎样编排报告内容？"我问全班。

"根据重要性排列。"有一个人说。

"重要性是指什么？"

不久，他们得出了一张优先顺序的清单，重要性最高的是那些侵蚀项目缓冲的步骤，这包括两类：①在关键路线上迟了的步骤；②在非关键路线上迟得很厉害的步骤，因而吞噬接驳缓冲并波及项目缓冲。

然后他们辩论怎样排列第二位，这类步骤尚未影响项目缓冲，但正在侵蚀接驳缓冲，他们提出几个想法。

一部分人宣称唯一重要的是累积的延误，换言之，缓冲已经有多少天被侵蚀掉了。

另一组人则认为这个数字帮助不大，除非拿它和缓冲原来的长度作比较，他们宣称，一个 30 天的缓冲被侵蚀了 10 天，严重性比一个 6 天缓冲被侵蚀了 5 天低，这组人提倡用百分比，即缓冲有百分之几已经被侵蚀了。

第三组人由泰德牵头，因此特别勇于发言，他们宣称以上做法用处都不大，唯一要重视的是缓冲还剩下多少天。

我认为三者区别不大，只要不断监察所有缓冲，他们的注意力就会高度集中。在我眼中，用这个或那个方法都不要紧，况且，这张优先顺序的清单相当短，它不包括尚未开工的步骤，也不包括已经完工的步骤。

这是一场很热烈的辩论，所有人都很投入，甚至那些从来不开口的学生，于是我让他们自由发挥了相当长的一段时间，几乎直到下课。

一切辩论都是充满活力的，直到……直到罗杰出手破坏，我想这个人之所以上课，是因为坐在这里的椅子上睡觉比躺在家中的床上舒服，大概辩论声吵醒了他。

我在白板上对 3 个做法做总结，他评论说："这是永远行不通的，只有傻瓜才愿意合作。"

我要他澄清这两句话。

他傲慢地说："我负责和转包商谈判，他们永远不会同意缩短完工时间，永远不会承诺提交报告，更不要说每天一份了。他们给你什么，你只能接受好了，他们交给你的什么预估，就连他们自己也不相信。我们在这里学的所有东西，在教室里说来动听，但现实完全是两码事。"

我开始和他理论，但他止住了我："如果你觉得有需要，就和我去见见我的一位转包商，直接和他谈谈。"

在盛怒之下，我毫不犹豫地接受了他的挑战。

我知道这是个笑话，他永远不会安排这样的一个约会，但一堂近乎完美的课就在这么恶劣的氛围中结束，实在太令人遗憾了。

我正收拾教材，白赖仁走过来说："我已经跟厂长和项目经理谈过，他们对我们在这里所学的很感兴趣，我们的扩充工厂项目遇上了很大的麻烦。"

他希望我到工厂走一走，我们又谈了一会儿，我乐意花一天时间和他们的小组交流一下。

最近，我的情绪就像游乐场中的过山车，时高时低。

我喘着气，在"到达航班"的屏幕前停下来，查看茱迪的航班，一边尝试平喘。在哪里呀？谢天谢地，航班迟了，25 分钟之后才着陆，早知道就不用赶了，因为积雪，芝加哥的航班全都延误了，我要到第 12 号闸口去等。

闸口附近，所有椅子上都坐了人，挤满等候登机的人，我走到隔邻闸口坐下来，在这里，我也可以听见航班的宣报，如果听不见，茱迪也懂得找我，我不止一次因埋头看书而忘记了时间。但问题是我没有带书，我四周张望，一定是有人遗下这张报纸，啊，只有艺术版。

在前面第三排座位，一位高挑的女士正在把衣物袋放在椅子上，身段不错，她转过身，原来是云柏妍。

我第一个反应是用报纸遮掩自己，太幼稚，也太迟了。她发现了我，我微笑着站起来，向她走过去，仿佛见到一个档案转盘在她的脑袋中高速转动。

"你好，李查德。"她和我握手，"关于多找 10 名学生参加我们的在职工商管理硕士课程，有任何进展吗？"

错了，那不是档案转盘，简直是一个完整的计算机资料库。

我试图不理会她轻柔的语调中所包藏的讥讽。"有，大有进展。"我回答。

为什么我非夸大不可？为什么必须炫耀？但我确实有进展，很多进展。

"我相信我已经找到很好的解决方案了，并且正在一个重要的项目中进行试验。"

"好极了。"她坐下。

她并不显得兴奋，我感觉到她并不相信我。也难怪，1 个月前我宣称有一大袋谜语，现在我又说它们全都破解了，有点儿难以置信吧。我可以说，是因为有幸得到费沙传授的奇妙功夫吗？不成，这听起来更高深莫测了。

我依然呆站着，她没有示意我坐下来，我必须用她的语言跟她交谈，这个方法我曾经用过，行得通的。

"我有相当多机会在更多地方试验我的方案。"我承诺，"一旦有成绩，我就开始和他们的管理层商谈，要求多派一些人来。"

"什么时候？"

"我期望在 2～3 个月之内。"

"祝你好运。"她打开公事包，取出一本书。

"你认为我没有机会成功，对吧？"

她端详了我好一会儿。"李查德教授，你知道要说服企业派人来报读要懂得什么窍门吗？"

我不知道，等待她告诉我。

"报读者必须懂得向上级施加压力，而企业必须对他高度重视，压力才会得逞。你的方法全错了，企业不是你要说服的对象，企业很少主动派学生来，你要吸引的是中层管理人员。"

"那么，你认为我在工业界进行的工作是不会有成果的？我应该放弃？"

我心灰意冷，但令我的心更向下沉的是她的回答："绝对不是，大学永远鼓励社群服务。"

社群服务！我激动得不能自己，充满怨愤地说："当天你说你希望我们为企业界提供有价值的管理技术，我还以为你是认真的！"

"对，我是认真的。"她翻开她的书。

"那么就延长我的任期一年吧。"

她看看我，很冷很冷地答："我有政策要服从，而你跟我之间是有协议的。"

"李查德！嗨，亲爱的。"我到处张望，茱迪向我招手。

"我得走了。"我说。

"对，你得走了。"她坚定地回答。

18

供应商和转包商

Critical Chain

我进入教室，采莲尚未离开，正在一边收拾教材，一边和佛烈交谈。

有时候，我怀疑在一堂会计课后进行我的课程到底是好事还是坏事，因为开始的时候学生都神情呆滞，需要一段时间才能进入状态，另外，也是大大的好事，因为无论你怎样教，学生们都会给你很高的评分。

采莲发觉我来了。"我可以跟你谈一会儿吗？"她抓住我的手臂，把我拖出门外。

"当然可以。"我没头没脑地说。

"我可以旁听你这堂课吗？"

两个月前，我不可能拒绝，采莲是永久职系评审委员会委员，现在，我不再需要做老好人了，但以这个为理由，就可以无礼地对待她吗？

"欢迎你做我的嘉宾。"我说，依然不明白她为什么要这样做。

"谢谢你。"然后她解释，"我仍然在尝试消化费沙关于'成本世界'和'有效产出世界'的表述，两者在管理会计（management accounting）中都不是新的东西，但是……但是以当今理解程度来说，它们依然是乌云一片。"

"我不介意你旁听，但这对你有什么帮助呢？"

"管理会计关乎决策和控制，你、韦逊和费沙的课程也涉及同样的课题，只是角度不同而已。所以，为了消除我的混乱，我决定花时间旁听你所有的课程，以加深理解。"

我还想多问一些问题，但上课时间已到，我们回到教室。

我的桌子上空空如也，这也难怪，上一次我激动得连布置作业也忘记了，现在没有话题带出今天的主题，但这也没有什么大不了，我就直接跳进去吧。

"有两类项目。"我开始说，他们低头写。"一类由供应商和转包商进行，如白赖仁的工厂扩充项目；另一类主要用公司的资源进行，如马可领导的产品开发项目。

"马可谈及他们怎样在实际环境中实施了我们的新方法,在理念上,他们做出了很多改动,实质上可归纳成三点。如果你们还记得的话,主要的改动是,第一,说服各部门削减他们的预估完工时间;第二,消除所有里程碑,换言之,个别步骤不再有目标完工日期(due dates);第三,适时报告最新的完工预估时间。"

他们以最高速度做记录,但我讲得太快了,他们要求我重复那三个改动,我照办了,然后继续。

"就我们所听到的,执行这些改动实在出人意料地容易……"

"哇!"马可惊叹。

露芙补充:"如果不是有你在,向员工解释一切,说服他们合作,我相信他们的宏观视野绝不可能成功转移。"

"我完全同意。"佛烈支持他的队友。

"谢谢你们,"我说,"说服人们合作是必需的,单打独斗的日子早已过去了,如果你要人们学会思考,采取主动,你就不能只顾发号施令。"

所有人都点头。

"但事实是,你真的用大约一星期就实行了,对吗?马可。"

"大概吧。"马可回答。

"我的问题是,我们怎样实行另一类项目呢?另一类项目的大部分资源是供应商和转包商,罗杰的工作就是和这些人打交道,他告诉我们这是行不通的,他们永远不肯合作。罗杰,你仍然坚持这点吗?"

"是。"罗杰就是罗杰,他还得加上一句:"无论你说什么,也改变不了我的看法。"他把头放在手掌上,闭上眼睛,我不理他。

"转包商和供应商是一个问题吗?你有没有见过一个项目延误得厉害,原因就在于供应商或转包商?"

如果你想找一个修辞性的问题,这个就是了。

　　"我们也有这个问题。"马可评论说,"我们不大依赖转包商,但供应商所造成的延误却是大问题。"

　　我向他点点头,然后继续说:"转包商和供应商的完工时间对项目那么重要,我们是怎样挑选他们的?"

　　泰德高声说:"不管他们对你说什么,真正决定一切的是价格。我的公司是转包商,所以我很清楚,他们可能大谈可靠性和品质,但签合同时,最终还是价格当先。"

　　泰德其实不用叫嚷,所有人都同意。

　　"价格当然重要。"我说,"但完工时间也是,有时候甚至更重要,这就是应该着手改善的地方。我们必须认清延误所造成金钱上的损失,必须明白延误 3 个月的损失,有时候比多给所有供应商一成的钱还要多。"

　　有些人点头,大多数人持怀疑态度,白赖仁似乎不同意,当然还不止他一个。我必须证明我的说法,否则他们会认为我在强词夺理。

　　"白赖仁,两星期前,你邀请我到工厂扩展项目小组看看,当天厂长也在,还有项目经理和他的主力助手,他们全都在担心项目无法依时完成,你可以向大家简单介绍一下这个项目吗?"

　　"当然。"他转向全班说,"这是一个 600 万美元的扩展项目,对我们来说,它实在是大规模,看来它将延迟最少 4 个月。如果我们迟了,我可以告诉大家,有些人将被打瘪,那是肯定的了,所以,每个人都很担心,谁能不呢?"

　　我问:"他们知道项目延误的代价吗?我是指公司的损失。"在他作答前,我抢着问:"你是小组主要成员,你知道损失是多少吗?"

　　"当然。"他说,然后,预料到我会要求一个数字,他更正自己说,"如果你是指一个具体的金额,那我就不知道了。"

　　"要回答这个问题,我们需要什么数据?"我问全班。

　　好一会儿,没有人尝试回答。然后,白赖仁踌躇地说:"预期的营业额?"

"这是问题还是答案？"

"似乎是问题多一点。"他承认。

"你其实是知道答案的，让我帮你一把，我们投资一个项目，为的是得到利益。"

"当然。"他说。

"所以，项目延误的代价必定跟延迟获得利益有关。"

每个人都点点头。

"白赖仁，让我们看看你的个案，为什么你的公司要投资 600 万美元去扩充工厂？他们想得到什么利益？"

"我们需要增加产能。"在我的示意下，他补充道，"我们有一个很棒的产品系列，但无法为市场提供所需的货量。我现在明白了，公司的损失就是延迟得到额外营业额所造成的损失。"

"我们想用数字来表达。"我提醒他，"来吧，刚才你说不知道预期的营业额对计算公司的损失是否有用，现在你认为怎样？"

"这个数据肯定需要。"

我微笑说："我说过你是知道答案的，只需要动脑筋想清楚，一定想得通的。"

大家都笑了。

"既然我们同意需要知道预期的营业额，你可以告诉我们是多少吗？增加产能后，销量会增加多少？"

"估计每月 200 万美元，这是很保守的估计。现在的共识是，运作一上轨道，我们将超越它。"

"好极了。"我说，"现在我们懂得怎样回答'什么是延误的代价'了吗？抑或我们还需要更多的数据？"

"这个产品系列的毛利率是多少？"佛烈问。

在白赖仁能够开口回答之前，我插嘴："佛烈，为什么你要知道？"

"否则我怎样计算对公司净利的影响？"

　　我突然想起从费沙那学到的概念，马上说："用产品毛利率去推算公司的净利是很差劲的做法，但用来粗略推算净利变化的幅度，倒还可以。"我示意白赖仁回答佛烈的问题。

　　"那是一个很好的产品，"白赖仁解释，"毛利率超过 35%。"

　　现在更多资料已经在我们眼前，我重复我的问题："白赖仁，扩充项目延误一个月，公司要承受多少代价？"

　　他没有回答。

　　"每个月 200 万美元营业额乘以 35%的毛利率……"我把提示硬塞给他。

　　"70 万美元一个月，我懂得怎样算，但我不接受这个答案，这笔钱不是失去了，只不过是迟一些才到。啊，我还要知道利息是多少。"

　　"别提利息了！"佛烈尝试帮他，"你听过现金流（cash flow）吗？"

　　"现金流很重要。"我同意，"但在这种情况下，净利也失去了。白赖仁，为什么你说这笔钱不是失去了，只不过是迟一些才到？是因为你假设这个营业额将来会等着你，丝毫未动？要证实这个假设，我们还需要什么其他数据？"

　　白赖仁说："我不知道。"其他人也不知道。

　　我尝试提示他："白赖仁，这个产品系列的丰厚毛利，你认为公司可以保得住多久呢？"

　　"天晓得，也许两年或三年。我明白你的意思了，这不单是迟来的钱，绝大部分的钱是永远丢失了。"他喘着气，"我们讲的是每个月数以十万计的钱，天文数字啊！"

　　于是我回到原来的问题："你认为项目组是否清楚地知道，如果项目延误，公司将要承受多大的损失吗？"

　　"不，他们不知道。"他肯定地回答。

　　"不明了每延误一个月所造成的金钱损失，肯定影响了项目组和转包商谈判时的态度吧？"

　　他还在思考，我转向全班说："真令人惊诧，但很遗憾，这种现象到处都是，大多数搞项目的人不能明确认识项目每延误一个月所带来的后果。

"在探讨应怎样和供应商谈判之前，我希望每个人都明白这种现象是多么严重，既然现在大家都比较清楚计算的原则，请你们花点儿时间，为正在进行的项目算一算延误会带来的真正损失。"

"不用计算了，对我们来说，代价无比沉重。"马可立即回应。

然后，他向大家解释公司的情况：他们的高科技公司正与竞争对手陷入一场苦斗，被逼着要大约每 6 个月便推出新一代产品，而延误数月就必会导致市场占有率大幅下降。

我打断他的话，指出极重要的一点："马可公司的损失情况比白赖仁的严重得多，他们不仅丧失预期的营业额增长，连现有的市场占有率也会失去。"

"甚至比你说的更坏。"马可继续说，"由于我们公司的股票价格是基于人们对公司业绩的期盼，市场占有率下跌会令我们的股东损失惨重，最终连我们的饭碗也不保。"

我很惊奇，于是问："开发新产品的人员都和你一样，明白后果的严重性吗？"

"我认为没有。"露芙回答，"很少有人能够看得到全局的严重性。"

马可似乎不认同，说："每个项目经理都晓得按时完工是重要的。"但他接着说，"他们之所以晓得，是因为他们受到很大的压力一定要做到。但是，作为项目经理，我可以告诉你们，他们不晓得为什么要那么紧张的完工期，直到执行副总向我们 3 人指出。我们根本就不知道，也许佛烈老早就知道，但我肯定不晓得。"

"我也是，我不知道这会对股东和公司的前景造成冲击。"佛烈证实。

"这就是普遍的现象。"我为全班作总结，"大多数搞项目的人，包括项目经理，都不能充分了解延误所引起的损失，难怪跟供应商或转包商谈判时对他们的完工时间不甚重视。"

"也许你说的没错。"罗杰评论说,"但太迟了,我们已经让供应商养成以价格决胜的习惯了。"

罗杰突然开口,我感到意外。后来我才明白,我们终于触及他关注的东西了。

我大概明白他的意思,但我依然设法核证,说:"你说'养成以价格决胜的习惯',是什么意思?"

他似乎不想解释,只说:"以完工时间决胜?他们不敢。"

他发觉到我的疑惑,继续说:"我不相信有办法让他们相信,完工时间对我们极为重要,有时候甚至比价格还重要。"

我提议:"如果在你的招标书中写上一句'价格超过 X,或者完工时间超过 Y 者,不用投标',能把信息清晰地带上吗?"

"在招标书中写上价格?"他大为惊诧。

"不是价格,是价格的上限。"

他不回答,只顾沉思,他似乎不是我想象中的那么粗枝大叶。

一个炮弹突然从我最预料不到的方向射来。"虽然如此,供应商仍然只以价格竞争。"露芙说。

"为什么你这样说?"轮到我大为惊愕了。

"你知道我曾经尝试过多少次要求印刷公司缩短完工时间吗?每次我们的宣传刊物遇到紧急情况要赶快完成时,我就会提出多给他们钱,而我又乞求、又申辩,但全都不管用,他们似乎觉得完工时间是铁板一块,绝对没有转弯的余地。"

这个论调实在令人难以接受,我不相信是事实,于是我提出质疑。露芙是个十分踏实的人,她耐心地回答,没有夸大或歪曲,但我俩的看法依然对立。其他人也提出看法,露芙并不是唯一需要和印刷公司交手的人,终于,真相呈现出来了。

你去印刷公司印一本小册子,要他们报价,他们会报称要 4 星期,但如果你带已落实的设计和所有必需的资料一起去并愿意多付一些钱,他们会说 4 天就可以了。这是因为他们有太多不愉快的经历，客户往往花太多时间考虑设计细节，令工作延误。

"那么，的确有办法以金钱换取完工时间的。"我总结，"重点是要明白这样做的真正好处，否则我们是不会乐意多花钱的。"

"我们也需要明白供应商关注的是什么。"露芙提醒我，"否则，就算我们多付钱，他们也不一定答应。"

我完全同意，既然这个问题清晰了，我可以提出另一个问题："马可说过，千万别让执行项目步骤的人知道步骤的目标完工日期。"

马可强调："不照办，就是催生'学生症候群'，完工时间将无法缩短。"

"但对供应商又怎样？"我继续说，"我们迫使他们承诺一个交货日期，原则恰恰相反。"

"你想劝我们不要求他们承诺一个具体的交货日期？"罗杰重回格斗场了。

"正是。"

"你有什么方法说服供应商接受这么没边际的订单？"他语带讥讽地问。

我没有答案。"就用他们的语言跟他们谈。"我说。

他眯起眼睛说："上次你承诺和我一起跟供应商开会，你不会临阵退缩吧？"带着冷冷的笑意，他环顾四周。

我硬着头皮表示一定上阵，不然我便失信于天下。我学懂了，下一次面对敏感问题时，我一定要加倍小心。

"星期三上午，行吗？"

"好。"我随便地答。

"看你怎样用供应商的语言跟他们谈，我有一场好戏看了。"罗杰不放过任何张牙舞爪的机会，他们都笑了。

我布置给他们一堆作业。

他们离开了，采莲走过来，啊，糟糕，她全都看见了。

"很有趣的一堂课。"她说，"我获益良多。"

我给她扮了个鬼脸。

"听过这堂课，我必须重新思考净现值（net-present-value）这个题目，里面有些东西严重犯错。"

我不晓得她到底在说什么，但起码有人满意这堂课。

"6 星期？不能加快一点儿吗？"

"不可能。"

他大概 50 来岁，大胡子，全灰白的，说话神气十足，很明显，他很了解他的行业。对于特别表层涂料，我懂得的比他忘掉的还要少得多，噢，我究竟在胡扯什么？这个行业，我其实什么也不懂。

罗杰知道的也许比我多，但此刻他却装聋作哑。我不期望他会出手救我，他只顾坐在那儿偷偷发笑。

这太不公平了，想用供应商的语言和他们打交道，就必须对供应商的业务有点认识，而我却一无所知。

我翻了翻这位推销员所写的建议书，绝大部分内容我都看不懂，每隔一个字就有一个行业术语，但起码我看得懂数字，这些数字看来有点儿怪。

这份建议书是关于 3 个不同模具的表层处理，所需时间应该各有不同，但在建议书上，全都写上 6 星期，我怀疑这预估纯粹根据一些粗略指引，如"这类工作，通通报 6 星期"那一类。

推销员不愿意讨论这个问题，令我怀疑更大，但我又可以怎样呢？况且，我如何才能够说服他"6 星期"并不是神圣不可侵犯的？我只好闭口不谈。

推销员一般都不喜欢沉默的冷场，他说："我可以告诉你，我们的竞争对手也可能说过，其实 5 星期已足够了，但我们要保护商誉，罗杰可以告诉你，我们是多么可靠啊。"

"可靠？"罗杰几乎呛着了，"那一次……"然后他突然转口，"你们的可靠性和其他人没有区别。"

"这样说不公平。"推销员抗议。

"好吧，就说可靠性稍为高一点儿。"但罗杰仍然加一句，"这也没有什么了不起。"

推销员很坚定，他说："我们说 6 星期，就真的 6 星期交货，而品质永远是第一流的，和其他人不一样，我们从来不牺牲品质。"然后他大谈表层怎样会剥落，当然不是他们的产品，谢天谢地。

当他说完时，我已准备好了，说："先看看那个较大的模具吧，你们要收 74 美元？2 小时的费用，这个时数实在精确啊！顺便问一下，你们一定是计算机化了吧？"

"当然。"他自豪地说，"我们只用最好最新的科技。"

"你们实行轮班制吗？"我问。

"是的，有两道工序，工人分两个班次工作。"然后他给了一个冗长的解说。听他讲话，你会以为他们就是有效率的涂层工序的伟大发明人。

我让他说完，然后说："74 小时，就算所有工序是顺序做的，不能并行，加起来也不可能有 6 星期之多。有了轮班制，我看 1 星期差不多了。"

"还有混合时间，以及凝固时间，通通要算的。"

"这需要多久？就说各需 24 小时吧。"我随便瞎估，"那么，只多花 2 天，你的 6 星期是从哪里来的？"

"大约要 4 天才对，那是一道三重工序。"然后他明白了这还远不能为 6 星期自圆其说，补充道，"而我们还有很多其他订单要赶，我们的规模不小。"

"11 人。"罗杰喃喃说。

我说："那么，如果你给这张订单优先权，你可以在 2 星期之内交货。"

"我们不可以给它优先权。"他抗议。"每个客户都说他的订单紧急。"他涨红了脸，"如果什么都给予优先权，这里就会变成兽斗场，我们绝对不能这样做，我永远不容许。"

他说话的神气令人觉得他就是公司的股东，而不只是一个推销员，然后我想想，以 11 人的规模，也许他真的是股东。

咄咄逼人是不明智的，我暂且放下这个话题。"我们可以看一看成本吗？"我提议。

他松了一口气，在这个题目上，他大概可以大发高论，无惧我挑剔了。

他慢条斯理地解释所有细节，用意是向我炫耀他们的成本效益是多么高并试图令我相信，他们的利润只有 6%。罗杰在打呵欠。

"这个行业利润微薄。"我说。

罗杰想抗议，但涂层专家不理会他，立即开始另一轮冗长的解说，炫耀他们报价时是多么小心。你会得出一个印象：他们一生的使命就是为客户节省金钱，也许他真的是推销员。

当洪水停止向我冲击时，我说："你们需要多赚一点儿钱，罗杰的公司需要更短的交货期，我提议你把这些都写进你的建议书。"

"写什么？"他摸不着头脑。

"我并不是建议你给任何人优先权。"我澄清，"但是，我认为你应该写上一些选择，一些将价格与完工时间挂钩的选择。"

他仍然不明白。

"例如……能在 3 星期交货，他们给你双倍利润。"

"3 星期？绝对不可能！"他反应迅速。

我不知道应该说什么，他继续说："但 4 星期倒是有可能。"

"可能行得通。"我说，"那么，假设他们在……就说在 3 月吧……把各模具交给你。"我看一下罗杰。

"大概是 3 月。"罗杰确定。

"假设他们在 3 月把东西交给你……"

这位涂层专家说："我需要各模具和精确的图纸，你可以放心，由所有需要的东西到手之日起计，4 星期之内，经过涂层加工的模具就可以交付，而我们就会多得 6%的利润，这就是你的提议吗？"

"那么交货的具体日期是何时？"罗杰插嘴道。

"这个不打紧。"他给了一个粗糙的答案，"总之，在我收到所需的一切之后 4 星期交货，模具的所有部件无一缺少，还有所有图纸都到齐了，才开始计时。"

他如此强调这点，似乎这就是时间丢失的环节，正如露芙所说的印刷公司情况一样。

"另一件事，关于那个较小的模具。"我说，"有没有可能作特殊处理，当它交来时，你放下手中的一切工作，先处理它？"

"想也不要这样想。"他直率地说。

我想向罗杰显示，就算我们面对的是转包商，仍然有可能建立资源缓冲，于是我再尝试："你要多少钱才肯这样做？"如果这个模具在关键路线上，多花一些钱是值得的。

"我已经说过，想也不要这样想。我不能做一天和尚撞一天钟似的经营这家公司，这不是办法。"

我想起马可怎样处理他的项目，便尝试照办，我说："我不是这个意思，在我们送来那个模具的所有部件和图纸之前 10 天，你将接到通知。"

他想了一会儿，然后否决："在那 10 天，很多变数都有可能发生。"

"假设在他们送东西来之前 10 天，通知你一次，然后 3 天前通知一次，1 天前也通知一次，那么你就可以很轻松地安排你的工作了。"

"我不能肯定。"他说。

"那么再加 6% 又如何？这样一来，这个订单为你赚取 3 倍利润，何不把这个选择写进你的建议书？我们选择供应商，其中一个重要考虑是他们对客户的困难所做的反应，多关注客户的问题吧，你会获得回报的。"

"好吧，我加进这条。"他转向罗杰，问："你想我们在什么时候把建议书改好？"

"且慢。"我打断他，"还有一件事。"

"什么事？"他有点儿不耐烦。

"你想预先知道什么时候你要的东西会送来，对吧？"我说。

"没有这个，就不用谈了。"他说。

"不用谈什么？"罗杰咄咄逼人地问。

"如果你们不能依照承诺预先通知我，一切就不用谈了，无论你给我多少钱，我也不会给那个小模具优先权。"

在罗杰把协议弄糟之前，我介入。"你说对了。"我安抚这位涂层专家，"要好好地安排公司的运作，你必须很清楚有什么工作将到来，罗杰也是。"

"什么意思？"涂层专家问。

我解释："模具完成加工，交了货，并不表示一切都结束了，接下来，还有很多工作需要依靠这批模具，罗杰的公司需要你预先通告，什么时候模具会回来。"

"4星期嘛，我告诉过你的。"

"在那 4 星期之内，很多变数都是有可能发生的。"我引用了他说过的话，"况且，我们真的希望少于 4 星期就能收回那个小模具。"

"我明白。"他想了一会儿，"每星期预告一次，这就是极限了，我不能容许公司变成文件横飞的烂摊子，每星期一次，这就是极限。"他再转向罗杰："你想我在什么时候把建议书改好？"

"我不要建议书。"罗杰直率地说，"不要浪费我的时间，现在还是先落实这宗交易吧。"

10 分钟后，这位推销员高高兴兴地走出去。

"如果不是亲眼见过，我不会相信。"罗杰说，"好一个不坚持具体交货日期的供应商，真是笨蛋一个。"

按照常理，教师是应该喜爱他的学生的，但对部分学生来说，我实在办不到。"为什么叫他笨蛋？"我对他很不耐烦，"你是不是认为现在是 1 月，他就应该计较究竟将在 3 月初还是 3 月底处理我们的订单？"然后我补充："现阶段谈判的重点应该是完工所需的时间，而不是具体的交货日期，每次谈判都应该这样。你犯了什么错呢？在少数你不嫌麻烦、肯争辩完工时间的交易中，一旦谈妥了完工时间，你还坚持要定出具体的交货日期，坚持的人不是供应商，是你自己。"

我不能自已，继续说："而你已亲眼看到，只要用供应商的语气跟他谈，为了钱，他会愿意接受一个非常短的完工时间。"

"一燕难为夏。"他贬低这点的重要性，然后他笑说，"但我必须承认，为了你，我找了一个我所认识的最保守的供应商来试。"

我真想重重地打他一拳，但我压抑着冲动，说："他们用上了最新的科技，不会很保守吧。"

"他们没有用什么新科技，但有一批真正的专家，一批真真正正的王八蛋专家。"

我想离开，但想起一个问题，我知道罗杰存心捉弄我，想证明我只是一派胡言。现在我赢了，但他是不会向同学招认的。这就是为什么我坚持，如果我成功促使供应商更改他的建议书，罗杰要交出原来的和改动后的建议书各一份，这样，我可以向全班展示一个真实的个案，证明供应商是会以完工时间换取金钱的，以及供应商不会坚持具体的开工日期，更不会坚持具体的交货日期。

但现在不会有新版本的建议书了。

"告诉我，罗杰，怎么你真的同意多付钱？你从哪里可以找到额外的财务预算？"

他耸耸肩说："我在这个行业混饭吃已经很久了，我有我的窍门。"

"最高管理层会批准吗？"我真想在他头上狠狠地钻一个孔，刺破他的扬扬自得。"我估计，花钱换取较短的完工时间是违背公司的成本节约政策的。"

我这一招无效，他说："总之我有办法。"

"可以告诉我吗？"

"首先，我会见我的上司，他是财务主管，然后他会押着我去见总裁，我告诉他缩短项目完工时间对公司的利润有什么好处，就是你啰啰唆唆说的那一大堆，他们听了就如鱼得水，没问题的。"

我真的不相信自己的耳朵，这些话来自罗杰？我真的看不透他，他是我最讨厌、心眼最坏、最喜欢针锋相对的学生，一个最不可能采取主动的人，虽然他是这么令人烦厌，但也不至于待着不动的。

我听到他说："顺便问一下，我下星期会和另外 3 个供应商开很重要的会，你能参加吗？帮帮我说服他们，可以吧？"

我正盘算着如何回答，他继续说："当然，我不能要你免费效劳，500 美元一个会，行吧？"

"行，只要你答应向全班做个简报，介绍怎样和供应商谈判缩短完工时间。"

我终于触动了他，他扮了个鬼脸，但我很坚决。

在车中，我突然领悟到，1 500 美元，茱迪又可以到纽约度过愉快的周末了。

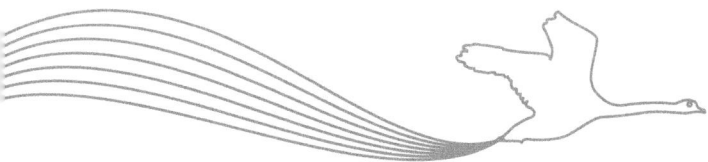

19

投资于美好回忆

Critical Chain

李维正在听取马可、露芙和佛烈的汇报，他想深入细节，这不费时，因为项目快要完工了，而项目缓冲依然有 9 星期，接驳缓冲看来也很健康。

他们汇报完毕，李维说："很好，好得几乎难以置信，我必须承认，起初我是抱着相当怀疑的态度的，但现在的事实说明了一切。"

"我们将提前两个月完工，而没有牺牲任何原来的设计内容。"马可信心十足地说，李维笑了。

"对我来说，这是一项世界纪录。"马可做结论。

李维继续微笑着，他问："一个蛋糕坠地，有奶油的一边向下的机会有多大？"

"50%。"佛烈答。

"在我们这里，恐怕接近 100%。"马可纠正他。

"你们太乐观了。"李维说，"有奶油的一边向下的机会是与地毯的价值成正比的。"

他们的心情都很好，好一会儿笑声才停止。

"你们的任务还未完。"李维提醒他们，"数据机的最后测试才刚刚开始，任何事情都仍然有机会发生。"

"那么，我不应该现在就动员营销部吗？"露芙不再那么肯定了。

李维想了想。

"不能让他们毫无准备啊。"露芙尝试说服他，"否则，我们在这里取得的成果将在那里被废掉。"

"你说得对。"李维说。

"那么，你认为怎样？"马可逼近李维，"假设最后测试没有发现任何灾难性的问题，是否算成功了？"

李维看看 3 人，他们都默不作声，等候他的裁决。"让我们搞清楚。"他说，"就算最后测试带来坏消息，也与你们无关，你们的责任是找出途径，将开发时间大幅度缩短，你们已经指出了可行的途径，但……"

他顿了顿，花几秒组织他的思绪，他们3人甚至连眼也不敢眨。

"但要这条途径清晰和平坦，仍要下不少工夫，现在依然有很多问题你们尚不能解答，我们还只是在起步阶段。"

他用一个例子解释："当你们开始实施这个崭新的方法时，A226数据机已经进入最后阶段了，我不是贬低你们的努力，你们实在干得很好，但我想看看，如果一个项目全面实施你们的方法，由开始直至结束，情况又会怎样？"

"我看不出有什么分别。"马可争辩。

"你可能说得对，但我们一日未真正尝试，一日都不能肯定。"李维补充，"还有，难道你们没有兴趣找出，你们的方法到底可以缩短多少开发时间吗？"

他们没有回答。

"另外，还有一件事情困扰着我。"他说，"我明白你们是怎样在一个项目中实施那个新方法的，但我搞不清楚它怎样可以在多个项目之间同样有效地运行，而我们的项目是相互影响的，这点你们也知道。"

"我知道。"马可喃喃自语，然后他鼓足勇气，直瞪着李维说，"总会有点儿瑕疵的。"

李维没有回答，露芙于是问："我们什么时候回到原来的岗位？"

李维转向佛烈问："你也有问题吗？"

"有。"他说，"公司承诺过，如果我们的任务成功，每人会得到一万股股票，凭什么标准判别成功？"

"每人一万股，是一大笔钱。"李维回答，"你认为你已经赚取了这个数目吗？"

他们没有回答，他继续说："敢打赌你们的方法一定有效吗？无一例外？我们由始至终查证过多少个个案？一个也没有，假设你们负责开发数据机，会接受这就是你们最终的产品吗？在现阶段，我们有的只是一个有潜质的样板而已，不要问我怎样判别成功与否，你们其实是知道的，当一样东西可以宣告为够好时，你们就知道。"

"我们希望有个较为实质的目标。"露芙低声说，"起码我是这样想的。"

"我不能承诺任何具体的数字，但可以告诉你们，当公司接纳你们的方法作为全公司的标准时，你们肯定成功了，这够明确了吗？"

"够明确了。"马可坚定地说，他看了看其他人，他们点点头。

"你曾经说过我们没有财务预算的限制。"佛烈提醒李维，"可以聘请我们的教授来助我们一臂之力吗？继续利用李查德教授的无偿效劳，对他不公平，而且我们需要他的时间越来越多了。"

"当然可以，好主意，给他标准的顾问费，1 000 美元一天，每个月 3 天可以了吧？"

"可以了。"马可代表 3 人答。

"我的智囊团，还有什么要求？好，加把劲儿，随时向我汇报。"

马可的电话令我感到飘飘然，我带着笑意去了市中心，在珠宝店为茱迪买了一份真正的情人节礼物，今天晚上，我的太太终于获得她应得的礼物了。

嗯，说说倒容易，我对珠宝只是一知半解，而店中的女售货员帮助也不大，虽然她努力尝试，甚至为我全权充当珠宝模特儿，但茱迪有一头厚厚的金发，高高的颊骨和美丽修长的颈，而这位女士……

我大概审视过店中每件珠宝最少 4 次，最后，依然带点儿踌躇，我做了决定。为慎重起见，我又买了一盒最别致的巧克力。

吃过晚餐，我和茱迪走进客厅，是把礼物交给她的时候了，我是指耳环，不是巧克力。

她不用告诉我她多喜爱这份礼物，她的蓝眼睛已经告诉我了，那双闪闪发亮的眼睛，就像挂在她耳垂上的蓝宝石，她真的爱透了这份礼物。

我们坐下来，我开始告诉她赞厘模顿公司的顾问差事。

"每个月多 3 000 美元的收入。"茱迪跳起身来，"亲爱的，那是很多钱啊。"

我自豪地微笑着。

"我说过你行的。"茱迪开始在四周飘来荡去，翩翩起舞，"我告诉过你，如果大学不欣赏你，其他人会。"

我摊在躺椅上。"对，你曾经说过。"我承认。

"你现在的顾问工作带来多少收入？比教书多吗？"她闭上眼睛，张开双臂，身子慢慢地转动。"明年，更多公司听过我丈夫的大名后，我们便不用愁了。"

但愿她是对的。

她看了我一眼，身子不再转动。"亲爱的，对不起，我知道你多喜爱教书，但上个月你才告诉我，顾问工作也是一种形式的教学，对吧？"

"全决定于你从什么立场看它。"

"从你的立场看呢？"

"我会乐于做这样的工作，但……"

她在我身旁坐下。"亲爱的，发生了什么事？"

"明年我便要离开大学。"我开始解释，"我将不再有企业界的现职经理作为我的学生，而靠我自己，永远没有本事取得任何顾问工作合同。茱迪，不要再自欺了，我没有能力推销自己，我会试试，但是，我们现实一点儿吧，刚才说的工作并不是成功的顾问事业的开端！"

她捉住我的双手。"我们走着瞧吧，我对你比你对自己更有信心。"然后她补充，"在这一刻，我们是富有的。"

"我认为不是。"我笑了笑，"但，我同意，每个月额外的 3 000 美元收入可令我们的生活有巨大的转变并会减轻我们沉重的负债。"

"真的会令我们的生活有巨大转变吗？"茱迪柔声地问。

我花了一点儿时间才领悟到她的问题有另一层含义，她是对的，这不会令生活有什么分别。我知道明年我会另找职位，不会是什么引人注目的职位，但至少可以维持生计。减轻负债当然好，但不会产生巨大的分别，肯定不是巨大的，可能只是微不足道的。

"你有什么提议？"我问。

"你在赞厘模顿公司会工作多久？"

"4个月，可能4个月吧，我相信到那个时候，他们不再需要我了。"我答，这已是我对形势的最乐观分析了。

她小心地琢磨着每个字，慢慢地说："李查德，过去13年，我们勤俭地生活。"

"我们应该如此。"我取笑她。

"也许，我们的余生也是如此。"她说。

"我恐怕是这样。"我难堪地说，"做永久职系的梦不再有意义了。"

"亲爱的，这个我接受。"她凝视我的眼睛，"我真的接受。"顿了顿，她继续说："李查德，我们可否就当作现在生活很富足，6个月吧，或者甚至4个月？就让我们一生富足这一次吧？"

我尝试消化她说的话，她想把我们的钱用光。

这是疯了，真的疯了，但的确有意思。

"就当作一项投资吧。"她说，"我们把钱投资于最有价值的东西，是美好的、永恒的回忆啊！"

我在思索，茱迪不紧逼我，只是坐在那儿，望着壁炉，我越思索，越觉得这个提议有见地。

最后，我同意。"钱会来，也会去。"

她对着我自豪地笑，我知道我刚做了一个正确的决定。

"我们将有今生最美好的冬天和春天。"我向她许诺，"复活节到巴拿马，而且是坐豪华邮轮。"她开始笑。我说："有个更佳提议，我把一切交给你，由你做主！"

玛丽安不在，我探头进韦逊的办公室。"韦逊，我遇到难题，需要你指点。"

"什么事？"

我就当他准许我进入，顺手把门关上。

他放下笔，把身子斜倚在椅上。"教学工作有一个麻烦，你必须批阅学生的作业。"

"交给你的博士生吧，为什么你以往那么依赖我，现在却那么少借助他们？"

"我倒希望可以。"他叹气说，"但你瞧，就是因为费沙的新理念，我大幅修改我的系统课程，我的博士生对新内容的认识不会比肄业生多，但我不应该再向你诉苦了，你找我有什么事？"

"向你诉苦。"我微笑，然后严肃地说，"我有一个难题，如果多个项目由同一班人执行，而其中一人是瓶颈，我就不知道怎么办了。"

"李查德，什么时候开始，你竟然对这些理论性的东西产生兴趣了？"

"就是这个问题。"我叹息，"它并不是纯理论性的，而正是我在赞厘模顿公司面对的问题，有多个项目，而涉及所有项目的数码处理部，就是瓶颈。"

"那么，为什么不按部就班去应付？第一个步骤：找出制约因素，在你的个案中，找瓶颈不难吧？"

"理论上不难，但你凭什么认定瓶颈就是制约因素？"

韦逊把制约因素和瓶颈当作同义词，难怪他的回应就是："我不明白你的问题。"

"我们现在讲的是项目，在项目中，制约因素就是……"

"哦，瓶颈是一个制约因素，那是肯定的，但你说的没错，关键路线也是制约因素，同时出现两个制约因素，我们应该怎么办？"他说。

"还不止两个。"我说，"每个项目都有自己的关键路线。"

我几乎听到韦逊的脑袋急促运转的声音，多个制约因素……每个项目可以单独处理吗？不，如果我们这样做，就是将瓶颈置之不理，那是不对的。"李查德，我真的不知道从何入手。"

"我也是，而我思考这个问题已经 5 天了，不是 5 分钟。"我说。

"也许费沙有答案。"韦逊拨电话。

几分钟后，费沙进来了，他的衬衫的一半还没有整理好，头发乱糟糟的，明显地，我们是在他埋头苦干时打扰他的，我觉得有点儿不好意思。

他一直走向躺椅，说："谢谢你们从苦海中救了我，我刚睡醒就遇到一些恼人的问题，搞得我晕头转向，告诉我你们有一个简单精辟的问题，一个我可以在 5 分钟之内就解决并令心情马上转好的问题。"

"有。"韦逊许诺。

我开始解释。

费沙聆听，然后说："我对项目认识不足。"

"而我们对制约因素却一知半解，你可以助我一臂之力吗？"韦逊问。

"问道于盲。"他叹息，"好吧，让我们启动我们的集体智慧，但首先，韦逊，我要咖啡。"

"玛丽安！"

20

奖金与罚款

Critical Chain

　　我正在办公室批阅学生的作业，我负责 4 项作业并深信作业的意义。我和韦逊不同，我喜欢细阅作业，虽然花时间，但这是取得真正回应的唯一方法，让我知道教得不好、太快或不足的地方，所以我永不觉得沉闷，况且，他们犯的错有时实在令人捧腹大笑。

　　有人敲门。

　　"谁？"

　　泰德伸头进来，有礼貌地问："我可以打扰你一会儿吗？"

　　"当然可以，请坐。"现在不是会见学生的规定时间，既然他特地来找我，必定有迫切的问题，我可以腾出时间的。

　　"我不知道怎样做我的作业。"他叹息。

　　"什么时候开始学生会为作业操心呀？"

　　他笑得有点儿不自然。"这件事很重要，我知道我们应该缩短完工时间，而现在，听过你的课和赞厘模顿公司小组的经验后，我开始相信这是有可能办得到的，但是……"

　　"但是什么？"我鼓励他继续说。

　　"你瞧，作业是计算项目延误对公司所造成的损害。"

　　"正确。那么，问题是什么？"

　　"我找不到任何损害，只找到好处，但这是不可能的。"

　　他焦急地继续说："我想在我的公司实施，我甚至已经和老板谈过，而他是抱开放态度的。但现在我不那么肯定了，如果将项目的完工时间缩短不能令公司受惠，做来干吗？"

　　"且慢，不要太快下结论。"

　　"这就是我今天来找你的原因。"他直率地说。

　　"好吧，让我们慢慢分析，你有尝试参照白赖仁和马可的例子去做吗？"

　　他摇头。"例子和我们不相干。"

　　"为什么？"

　　"他们是项目的主人。"他回答，"而我们只不过是转包商，项目的主人是发展商，不是我们。"

我明白他的意思，项目的主人从项目的顺利完成得到利益，而项目延误的损害同样也由主人来承担，但最终所有人都会受影响。

"让我多明白一点儿。"我说，"对你的公司来说，建筑物延迟 3 个月完成，代价是什么？我知道你们不会迟得那么厉害，但假设客户提出改动，令你们比原来的日期迟了 3 个月才完成，有这个可能吗？"

"经常发生呢，不要理会我在课堂上讲过什么，偷偷告诉你：记忆所及，我们从来没有一个项目是按时完成的，加进的安全时间通通都不管用，我们在课堂讲过的东西，所有的问题，我们都有，但如果你问我一个真正要害的问题'顾虑什么'，我的答案是，我们根本不需要顾虑。"

"延误不会导致我们公司受损，相反，会助我们一把。"

"为什么？"

他连珠炮似的回答："让我告诉你整个故事，当我们签合同时，价格是很低的，竞争那么剧烈，我们没有选择余地，定价相差 3%，已经可以决定你投标的成败，每个人都想割断他人的喉咙，我们可以从哪里赚钱呀？"他顿了顿，似乎在等我回答。

我不知道答案。

"从改动赚钱！"然后他解释，"我们的座右铭是，客户永远是对的，他们想改动项目的内容，我们不会反对并乐意照办，改动越多越好，因为在这个阶段，我们再不用担心客户会投向我们的竞争对手了，他们照付钱，很多很多的钱。"泰德的神情好像他刚揭发了行业的天大机密似的。

茱迪刚完成我们房子的大维修，所以我清楚地知道，那些原本在合同中没有出现的项目，他们会收多少钱。我怀疑那些项目根本不是茱迪提出的，承包商总是有办法诱使她就范。现在想起来，他们大概曾这样做，有谁需要在屋顶加上 20 厘米厚的隔热层？

泰德是对的，对他的公司来说，提前完工有什么好处呢？

较早收到钱？这不是主要的因素，他们是按工程进展分段收钱的。

在我放弃思索前，我尝试多了解他们的营运环境，我问："除了改动令你们有借口索取高价，建筑物迟了 3 个月完成对你的客户还造成什么损失？"

"我不知道，但那不是他自己的问题吗？"

"可能是，但我们不妨想象一下，延迟了 3 个月，他有什么损失？"

"对发展商？"泰德想了一会儿说，"他要延迟 3 个月才能卖房子。"

我追问："这不是他的大难题吗？他的现金周转必定受影响啊！"

"这可能是个问题。"他同意，然后他慢慢地补充，"可能是个大问题。"

"为什么？"我问。

"大多数发展商都是资金不足的，投资实在太大了，他们大量借贷，我不知道有谁不抵押至无可抵押的。现金周转是一大难题，其实，我可以举出很多例子，说明 3 个月的延误足以令一个发展商破产。"他微笑着补充说，"谢天谢地，那不是我们的问题，我们总是有钱收的……我想。"

他沉默了一会儿，继续说："你可能说对了，我得查一查，我们曾因发展商破产而损失了多少钱。事实上，他们的现金周转问题也困扰着我们，他们延迟付款，这是一个问题。"

他站起来，说："谢谢你。"他和我握握手，带着热诚的笑容，他走了。

"下周末见。"我对着已经关上了的门说，然后继续工作。

不久，又有人敲门，看来我的办公室已变成了火车站。

"进来。"

这一回是费沙，我站起来欢迎他。

"关于项目的瓶颈，我还没有任何进展。"我向他示意。

"我也是。"他微笑，"我是为了其他事而来的。采莲告诉我，她在你的讲课中发现了一个有趣的课题。"

"你是指净现值吗？我没有教这个题目，虽然采莲已下了很多工夫，但我仍然无法明了它，我知道她的说法恰恰相反，但是……"我把这句话的下半句悬空着。

"我肯定你教了很多有趣的事物，但我最感兴趣的是如何与供应商谈判，我是指提前完工的问题。"

我喜欢这个课题，打从罗杰出色的简报开始，我就更喜欢这个课题了，他描述了全部 4 个会议，用了那么尖锐、直截了当的幽默感，我几乎开始喜欢他了。

"你想知道这个课题的哪部分？"我问。

"所有。"然后他解释，"你知道，我和优尼公司有联系，你也知道，优尼公司将在这里设立一个很大的分部。"

我当然知道，谁不知道呢？"但不是早已开始了吗？"我说。

"早已开始了，而他们已经开始担心可能会延误，我接到电话要我看看这个问题并采取行动，令承包商加快进度，所以我今天来，准备向你学习学习。"

不到半小时，费沙已经吸收了相当于我两堂课的内容，比我想象中快，这家伙的吸收能力就如一块海绵，最后，我总结："记住，你必须为完工时间付出金钱，没有金钱的推动，他们永远不会主动这样做的，缩短完工时间根本违背他们的利益。"

这点令他大感诧异。

我告诉他今天从泰德身上学到的东西。

费沙小心聆听，然后他却说："我不接受这一套。"

"为什么？"

"我不知道。"

这不是答案。

费沙看到我的表情，连忙补充："一定有问题，虽然我未能点出来。"

我一直以为费沙是一个重事实和逻辑的人，但现在我开始怀疑他跟其他人一样迷信。"会有什么东西出问题呢？"我表达了我的失望。

他说："你讲的情况就是，转包商赢了，发展商就一定会输，根据 TOC 制约法，这是不可能的，赢—输的局面并不存在。"

好一个辩解。我直率地说："这就是你的定律？"

"不，李查德，每当一个赢—输局面似乎存在时，就代表我们以太狭窄的角度去看那个问题。"

我不回应，我不想为理念而争论，也不想得罪费沙。

他把手肘支在我的桌子上，把脸藏在双掌中。我保持沉默，气氛尴尬极了，他在干什么？在脑海中绘制"冲突图"？发掘背后的假设？

经过一段似乎很长的时间，大概 3 分钟后，他抬起头，微笑着说："找到了。"

"什么？"

"李查德，你谈及延误如何影响发展商现金周转，我们可以假设提前完工也会影响他的现金周转吗？"

"当然。"

"而现金周转一般对发展商十分重要吧？"他问。

"对。"

"你也说过，泰德的市场竞争激烈，价格相差 3%便可决定哪个承包商夺标。"

"对。"

"你怎样调和这两个矛盾的现象呢？"

我满脸迷惑，"我不明白，什么跟什么有矛盾？"

费沙开始解释："如果交货期1个月的差别对发展商是如此重要，那么，承诺的完工时间应该是选择承包商时的一个重大考虑，但你说事实并非如此，价格才是决定性因素。"

"对，真的是这样。"我说，依然摸不清他的意思。

费沙尝试用另一个方法解释："李查德，较短的完工时间对发展商很重要，你同意吗？"

"毫无疑问。"

"那么发展商应该施压要承包商缩短完工时间。"

"他们怎么可能办得到呢？"我问。

"要'鼓励'承包商缩短完工时间，方法可以是，提前完工可获巨额奖金，延误则付巨额罚款"。

费沙举手阻止我评论，他想更详细地解释这点，他继续说："不要忘记，发展商最巨大的支出都集中在项目的最后期，所以提前 3个月完工能令他的投资回报倍增，为达到这个目的，他何不发给承包商巨额奖金呢？

"另一方面，如果延误可能令发展商破产，他应该在承包商合同中加入罚款条文。据你所知，有没有巨额奖金和巨额罚款这两回事？"

有些招标的确包括小额奖金，但绝对不是费沙所指的'巨额'，奖金不是问题，罚款才是，我说："你可以找到一个乐意接受罚款条文的承包商吗？哪怕只是小额罚款，以他们微薄的利润，实在负担不起，你想怎样，要他们倒闭吗？"

"绝对不是，但，李查德，试想象这样一个承包商，他知道自己可以比其他人快 3 个月交货。"他说。

"没有这样的人。"我说。

"只要他肯实施你教的东西，就会有了。"他紧逼。

"如果你坚持，那就当有吧，但我不明白这有什么意义。"

"难道你看不到，这个承包商将不需要和对手比拼价格吗？"

"我不明白。"我不是固执，我真的不明白。

"你瞧，承包商一般都事先知道将有什么项目可竞投，他们有自己的门路，而专业的刊物也经常登载有关消息，一个交货快的承包商只要在招标书正式发出前和发展商接触，承包商通常和多个发展商有紧密联系，因此要这样做并不难，然后他可以说服发展商在招标书中加进条文，要求相当短的完工时间和巨额罚款。"

"你是指巨额奖金吧？"

"不，罚款。"

说服发展商加进巨额罚款条文？天方夜谭！然后，我猛然醒悟，这其实也有道理。

"我明白了，如果招标书要求较短的完工时间和罚则，没有其他承包商会胆敢竞投的，发展商将获得优厚得多的投资回报并面对低得多的风险，而那个快交货的承包商将赚取更多利润。"我笑着对费沙说。"你是对的，其实现在承包商面对的不是赢—输，而是双输的局面。发展商受长而不可靠的完工时间所拖累，而承包商则受市场割喉式价格竞争所害。"

"而明了这个道理的承包商将拥有巨大的竞争优势。"费沙接着我的思路说，"他会夺得市场并得到好价钱。现在的问题是，一般承包商像其他搞项目的人一样，认为自己根本没有办法缩短完工时间，而第一个醒悟的人将横扫整个市场。"

费沙离开后，我开始找泰德的电话号码。

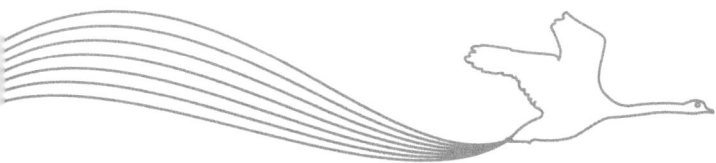

21

知音交流会

我的收文盘上出现一张粉红色的便条，上面写着："请致电纽博先生"，另附有一个电话号码。纽博先生是谁？大概是个推销员，想吸引我买东西，我把便条放在一旁，我有更重要的事情要办，韦逊步步紧逼，要我完成论文系列的第三篇，其实现在写不写论文也没有关系了，但我总不想令韦逊失望。

我正在埋头疾书，电话响了。

"李查德教授？"

我回应，那声音说："纽博先生想和你谈一谈。"

"且慢。"我说，推销员何来这个胆？理所当然地剥夺他人的时间？"纽博先生是谁？"我要求知道。

一个低沉的声音说："我是 QEC 公司总裁。"

我猛噎一下，查理在他的公司任职。

"我一直想找阁下。"他继续说，"我十分欣赏你的研究成果，我们正在运用它，效果不错。"

"谢谢你。"原来查理也在他的公司推行了，他没有透露过半个字啊！

"你可以给我们做一个演讲吗？我是指给青总。"

"青总？"我努力思索，"什么青总？"

我不用瞎猜了。"青总就是'青年总裁协会'。"他解释，"我们每个月搞一次晚餐例会，我们是一个小组，组员全是公司总裁，赞厘模顿公司的普曼也是组员。我们通常邀请一位演讲者，大家分享经验，我已经和其他组员谈过，大家都渴望听听你对项目管理的见解。"

我受宠若惊。"我乐意出席。"我有礼貌地回答。心里在琢磨着："普曼？赞厘模顿公司？"

"下星期三可以吗？一个晚餐会演讲。"

"当然。"

我极力避免脑袋发胀，下星期三，那么快！大概他们原来安排的演讲者在最后一分钟不能应约，而我只是作为替补，但……

"我会把有关资料传真给你,谢谢你,李查德教授,我们下星期三恭候阁下。"

趁我的勇气还未消失,我写了一张便条给云柏妍,内容简单,只说我仍在努力为在职工商管理硕士课程找学生,并提及我将为青总做晚餐会演讲,我也不忘提及赞厘模顿公司的普曼也将出席。

这不会有多少帮助,怎会有呢?但也不会有什么坏处,我的心情很不错。

晚餐会在喜来登酒店的一间贵宾厅举行,当我进入的时候,第一眼就看见云柏妍了,幸好我的膝头没有缚着响板。

5分钟后,她才成功把我逼到一角,说:"你不能想象我要耍多少道板斧才能到这里来,我几乎要承诺加入青总了!"

她的口吻好像一切都是我的错,错在哪里?

"我期望你会做一个超凡的简报。"她不断加压,"要实际一点儿,不要只顾讲理论。"

"我还可以讲些什么其他的?"

"你当然必须谈谈在职工商管理硕士生学到的独特技巧,但要实际一点儿,强调新方法为他们的公司节省了多少钱。"

"但我不知道多少钱。"

"那么谈一谈可以节省多少钱。"

来这里之前,我已经战战兢兢,赫然见到云柏妍在,我更觉不安,但现在我才知道什么是真正精神紧张。谢天谢地,她走开了,在其他人有机会抓住我之前,我抓住了服务员,不,我不是要饮品,我只想知道厕所在哪儿。

我开始做简报后,镇静下来了,投影片很好,精简而言之有物,视觉效果也很棒,有谁会相信,我今天中午才完成最后版本?有谁用过我的软件吗?棒吧?

他们几乎没有打断我的简报,只问了几个问题,他们在恰当的环节点头,让我感觉到我的话言之在理,他们在认同我。简报完毕,大家鼓掌，似乎不单是出于礼貌，我在自我陶醉吗？

我坐下后才醒悟我没有照云柏妍的吩咐办，我的投影片没有她要求的东西。

纽博走到台前，正式向我道谢，然后出人意料地，他竟然补充说："这个方法的确行之有效，我们体验过了，一个迟得无药可救的项目现在已经走上轨道了，我们现在开始用这个方法管理所有项目。"

"我们也是。"普曼说。

"你们在赞厘模顿公司试验过吗？"云柏妍问，语气不带丝毫惊奇。

"是，我们因此能够比对手快 2 个月推出新产品系列。"

"对你们的公司来说，这优势的价值必然是以百万美元计。"云柏妍柔声评语。

"它确实有帮助。"

晚餐开始了。

在服务员奉上咖啡之前，云柏妍已主导了讨论。不知怎的，她成功地令他们为没有给予大学足够的支持而感到内疚，讨论进行得还不错，直到她开始硬性推销，要他们多派一些经理参加在职工商管理硕士课程。

这开始引发反效果了，他们质疑，大学所教的一般知识到底有什么价值，他们谈及所谓"第一年的震荡"，以及抱怨仍然要花大量金钱重新培训已饱读经书的毕业生。

云柏妍反击，一位总裁大谈他曾支持过在职工商管理硕士课程，他们支付了学费的 75%，另一个总裁问："为什么在职工商管理硕士课程比普通课程贵 3 倍？"

她避而不答，反而宣称及证明他们对经理的支持不足，她说："为参加 2 星期的夏季课程，他们必须牺牲假期，为什么呢？难道你们不认为他们进修对公司是有利的吗？又或者你们认为这些牺牲周末去进修、晚上又要赶作业的勤劳经理是不需要放假的？"

他们说如果教的东西能类似今晚简报会上听到的，就会给予大学多一点支持。

那就是云柏妍最想听到的，她巧妙地推动他们认真想想，一个专为他们度身定做的在职工商管理硕士课程应该有什么内容，在她力争下，还成立了一个由 3 个总裁或他们的代表组成的专责委员会。

我们离开时，她拉着我的手臂说："陪我去取车，李查德，恐怕我大大低估你了，你的确找出了一个十分有价值的窍门。"

外边黑沉沉的，所以她看不见我脸红耳赤，我说："不是我个人的功劳。"我解释，"如果没有费沙教授的新知识和韦逊教授……"

"那么你们是一个团队了，那就更好了。"

我们到达她的塞维尔 STS 型轿车旁，我想："早晚有一天，我也要有一辆凯迪拉克轿车。"

"你认为怎样？有没有可能设计一个完整的两年课程，为企业界带来真正的价值？和你今晚的演讲同一水准的东西？"她问。

"我相信有可能。"我回答，我不是只顾逢迎她，我从韦逊、费沙，尤其是采莲那里听到的，令我真的相信有可能。

"好极了。"她钻入车厢中，"我会告诉皮治有关情况，也希望你会向在职工商管理硕士课程的主管汇报。"

她离开了，我走向我的车子，今晚满天繁星。

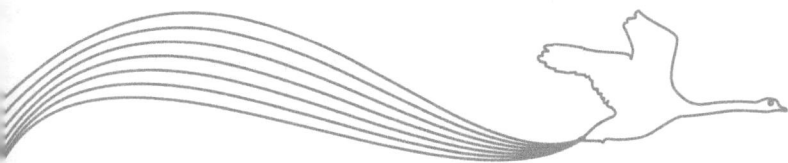

22

"关键链" 诞生了

Critical

Chain

星期六大清早，我已经身陷死胡同，今天教他们什么呢？我本来打算谈一个问题，关于多个项目共用某些资源，而其中一个资源是瓶颈，我把题目定为"多个项目的瓶颈"。毫无疑问，这将引发热烈的讨论，我可能从中得到一两个启示，但现在情况太危险了，因为韦逊将来听这堂课。

他决定扩大他的系统课程范围，加进项目管理，他需要"了解学生的知识水平"，我可以对他说什么呢？不要来？

我翻阅今年夏天我为课程准备的大纲，除了前面几堂课，大纲中只有很小部分和我实际讲授的相关，我舍弃了很多题目，为了一个很好的理由——它们都太学术性了——资源优化、顺序优化、投资优化，我认为这些都离题万里，那么，现在怎么办？

可能韦逊会刚巧病倒，但没用，在这个学年结束前，我还有四堂、每堂 2 小时的课要讲。

我再翻阅大纲一次，仍然没有头绪。

我到底想找什么呢？一个与项目相关的题目？这就剔除了所有优化类的东西；一个我熟悉的题目？这就剔除了几乎所有余下的东西，肯定包括"多个项目的瓶颈"—— 一个我想也不敢去想的题目，我要的题目又必须是我们从未深入研究过的，那么，还剩下什么？

或者我可以再谈谈缓冲，项目缓冲、接驳缓冲和资源缓冲之间的区别，我的学生中，有谁晓得加进资源缓冲其实不会拖长项目的完工时间。就算有，肯定只是少数。

好题目，但这能够消磨多少时间呢？半小时？考虑到学生一贯吵吵嚷嚷、长篇大论的本能，以及我实在没有其他题目可以搬出来支撑场面，这个题目是可以的了。

"同学们，早上好。"

"早上好。"

"来宾们，早上好。"

"早上好。"采莲和韦逊回应。

10 秒过去了，帮助不大，我还是开始吧。

"既然你们大部分人都实施了你们所学的，就让我们回到相关的概念，一起深入研究吧。"我开口说。

他们似乎喜欢我的建议。

我想继续发言之际，露芙举手说："谈起概念，我有一个问题。"

好一个提问，但来自露芙，似乎有点儿不对劲，我压抑着自己不向韦逊那边看。

"什么问题？"我问，试图显得不慌不忙。

"假设其中一条非关键路线进展得实在太慢了，令整个接驳缓冲消耗净尽，并且已经开始渗透了项目缓冲，但关键路线却很正常。"她说。

"这种情形是有可能发生的。"我同意，"你可能在其中一条接驳路径遇上麻烦，你所指的概念上的问题是什么？"

"在露芙描述的情形中，关键路线其实不是已经转移了吗？"佛烈回答，"关键路线已经跑到出现麻烦的地方去了吗？"

我想一想，在得出结论前，马可尝试澄清："我们把关键路线定义为最长的一条路径，以时间计算。"

"对。"我说。

"露芙描述的情形是，我们在处理一个步骤，称为步骤 N 吧，它就在一条非关键路线上，但现在步骤 N 发生延误，甚至导致项目缓冲被吞噬，这是不是表示现在最长的路径，以时间计算，已经改为由步骤 N 开始？"

"这是什么话？"泰德插嘴，"项目进行到一半，要另定关键路线？简直是发了疯。"

"为什么？"我问。我知道为什么了，也知道为什么要这样做，但我还得要点时间详细想清楚。

泰德似乎被卡住了，他的直觉是超群的，但表达不出来，要由佛烈代劳，很明显，这个智囊团是充分考虑过整个问题的，佛烈说："我们在非关键路线进入关键路线的位置放置了接驳缓冲，改变关键路线就意味改变很多接驳缓冲的位置。"

泰德做结论："项目会搞得天翻地覆，我们绝不能这样做。"

"我同意。"露芙平和地说，"但另一方面，你们看得出，如果我们不这样做，会有什么后果吗？"

"没有什么的！"泰德脱口而出，"如果每次非关键路线出现严重的延误，就要重整整个项目。"

露芙继续说："如果我们不这样做，就是逃避现实，还是现实点儿吧！不论我们喜欢与否，现在关键路线的确在步骤 N 开始，而它既没有受到接驳缓冲保护，以致无法防范其他路径带给它的麻烦，也没有受到资源缓冲保护，所以发生延误时，复原能力很弱。相反，延误会愈演愈烈，难道你还不明白，我们必须重新安排整个项目吗？"

"做，我们死定了；不做，也是死。"泰德总结。

"这就是我概念上的问题。"露芙说。

我力图压抑心头涌现的恐惧，概念上的问题？概念上的问题！好一个轻描淡写，它可能把我们所有成果通通毁了！

为什么在现实中我们却不需要重新安排整个项目呢？已有 4 个项目提早完成了，我们的方法确实是有效的，这可能是由于我们接手时，这些项目早已动工多时了，当接驳缓冲消耗完，我们也曾遇上露芙所指的情形，因此问题不可能如想象中严重吧？智囊团到底做了什么错误的假设呢？

我没有头绪，也没有时间，全班在等着我，不止全班，还有韦逊。我转向白板，开始画"冲突图"（见图 19），目标是准时完成项目，一个必备条件是泰德说的：不重新编排一切，也就是不正式更改关键路线。另一个必备条件则如露芙指出的：保护真正的关键路线，也就是正式更改关键路线。

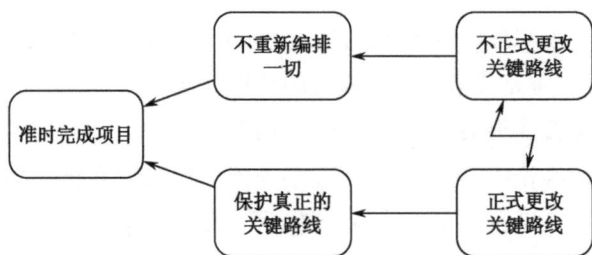

图 19

我运用费沙教我的窍门——集中在你最讨厌的箭头上。我跟泰德一样，不喜欢中途重整项目，我不想正式更改关键路线，因为这会变得怪模怪样且不可行。况且，我们在现实的项目中，从来都不需要这样做，那么，背后的假设是什么呢？

为了保护真正的关键路线，我们必须正式更改关键路线，为什么？因为如果我们不这样做，关键路线会没有保护，真的吗？呀！我想通了。

我信心十足地问全班："当我们宣称，如果我们不正式更改关键路线，关键路线会没有保护，我们做了什么假设？"

没有人回答，于是我再问："原来的关键路线和这条真正的关键路线，区别很大吗？"

"不。"露芙回答，"其实，由两者合拢直到项目结束，它们走的是同一条路径。我明白了，那么，没有保护的地方只是由步骤 N 起直至，但不包括两者合拢的步骤。在绝大多数情况下，这条路径不会牵涉新的接驳缓冲，但这条路径所需的资源缓冲又怎样？"

"不成问题。"马可说，"原来的接驳缓冲消耗殆尽，我们的注意力必然早已集中在这条路径上了。"

"警钟误鸣。"露芙道歉。

"不是。"查理说，"我不认为这是警钟误鸣。"

"为什么？"马可问。

"因为，起码在我的例子中，关键路线是在到处跳的，每隔几天我就遇到这个问题。坦白说，我真想放弃。"查理说。

"这是一个大家都知道的现象。"罗杰说，"每个项目经理都会告诉你，项目进行期间，关键路线是会转移的。"

这个问题相当严重，我不理罗杰，而集中于查理，他说的不是一些杞人忧天的问题，或者抽象的泛论，而是现存的问题。查理的老板那么赏识他的新方法，除非真的出了乱子，他是不会这样说的。

"查理，你可以详细地对大家讲一讲，到底发生了什么事吗？"

"真是乱糟糟，在非关键路线上，本来一切好端端的，接驳缓冲丝毫未动，突然间，问题来了。"

"墨菲发动凌厉的突袭。"我语带怜悯。

"怪就怪在这里。"查理回应说，"没有特别的问题出现，没有突袭，我们却开始落后了。"

现在我也被搞糊涂了，其他人也是。

"查理，慢慢来，你正在进行非关键路线上的步骤N，接着，发生了什么事？"

"比这个还要怪。"他说，"我还未开始进行非关键路线上的步骤N，非关键路线已经出现麻烦了，无缘无故地，接驳缓冲就已经消耗尽了。"

"你在说什么？"泰德代表所有人追问。

"如我所说，我正想开始非关键路线上某一步骤，但它需要的资源却不在了。"

"资源在哪里？"泰德焦急地问。

"在另一条非关键路线工作。"

"就把它搬过来嘛。"

"不行，那条非关键路线也发生延误了。"

"做白日梦。"泰德重重地喷一下鼻息，"没有可能，全都是废话。"

查理脸也红了，但压抑着不跟泰德斗嘴，他看看我，问："我可以用白板解释一下吗？"

"当然。"

他一边开始画，一边说："这不是我真正的项目，但足以向你们显示出我的问题所在。"两分钟后，图在白板上画出来了（见图20）。

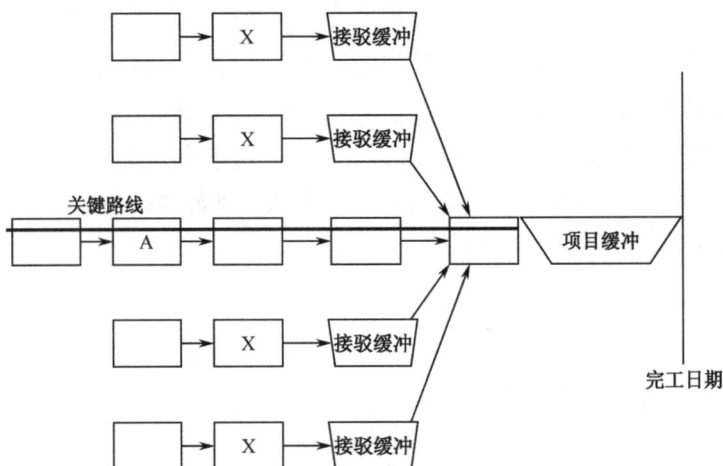

图 20

"那些 X 代表什么？"我问他。

"它们是专家 X 执行的各个步骤，我们只有一位专家。假设每个步骤需 5 天，而每个接驳缓冲也是 5 天，你看见问题在哪里了吗？"

我们看着那个图，查理的问题很明显，无疑这个问题也会在很多项目中出现，X 是多个步骤争夺的资源（resource contention），以致它负荷过重，造成延误，而延误由一条非关键路线传给下一条，连各接驳缓冲也消化不了，难怪关键路线到处跳。

"很明显，我们必须承认 X 的产能十分有限。"查理说，"但这样，我们漂亮的新方法就要宣告失败了。"

"且慢。"我说，"让我们再看看你的图，哪条是关键路线？"

"我不知道。"他答，"考虑到 X 的有限产能的话，我就不知道了。"

我突然若有所悟。"让我们回到关键路线的定义。"我信心十足地说，"那就是需时最长的一串依存的步骤。大家不要忽视 X 产能的短缺，不要忽视因共用一个资源而导致两个步骤互相依存的情况。产能极为有限，不可能同时进行两个步骤，只能先后进行，这就是依存关系。"

"那么，关键路线是什么？"露芙问。

"你们告诉我吧。"我对全班说。韦逊正埋头飞快地做笔记。

露芙说："X不在原来的关键路线上，但X很快就出了麻烦，并影响整个项目的完工时间，当X完成了所有工作，项目还没有完，还有其他步骤要进行。"

"正是这样。"我说，"步骤间的依存关系可以由步骤所在的路径造成，也可以由步骤所共用的资源造成，根据这两类依存关系去找那串需时最长的步骤，合理吗？"

他们似乎同意，我继续说："一般来说，最长的一串依存的步骤，由不同的部分组成，一部分由于路径本身，另一部分由于资源分配。"

"那么，我们根据关键路线的定义，却得出一条不是关键路线的东西。"白赖仁很是诧异。

"有什么稀奇？"泰德评论说，"反正我们在创新！"

"我同意，但我们应该先调整一下我们的用词，关键路线仍然称为关键路线，即最长的一条路径，但我们知道最关键的是制约因素，即最长的一串有依存关系的步骤，由于我们必须承认，依存关系也可以是资源引起的，我们应该用一个新的名词来代表这一串制约因素所在的步骤。"我说。

"何不称为'关键链'？"白赖仁提议。

听起来不错。

在其他人提出更多稀奇古怪的命名之前，我赶快宣布："就叫关键链吧。"人们总是喜欢争论名称，我没有那么多时间，我们还必须敲定这个新认知所衍生出来的有关细节，这不仅是定个名称而已。

"让我们回到查理的例子。"我说，"再来一次，关键链在哪里？"我喜欢这个新名词，"露芙？"

"我卡住了。"她说,"五个步骤都需要用 X 资源,怎样安排它们的次序呢?我不知道。"

"谁有好建议?"我问。

人们总是喜欢猜谜语,正如所料,建议如雪片般飞来,其中很多都互相矛盾,我告诫自己不要缩短这场没有意义的讨论。事情越来越纠缠不清,越来越混乱。好了,过了大约 15 分钟,我认为一切已经就绪。

"8 乘以 8 等于多少?"我问。

没有人回答。他们大概以为我糊涂起来了。

"让我提醒大家,在项目里,我们面对的并非全是确实的数字。"我开始澄清问题背后的用意,"例如,当我们说一个步骤需时 8 天,是不是真的指它刚好整整要 8 天,不多不少?当然不是,那么 8 乘以 8 到底是多少?"然后我在白板上写了"$(8\pm1)\times(8\pm1)=?$"。

"答案 64 是错的,只给我们一个看似精密准确的假象。"

"正如一个会计师,我们要求他计算准确至分位的数字,但其实连数字的第一个位是否可靠,我们还未弄清楚。"佛烈打趣地说。

"正是。"我喜欢佛烈的例子,"大家看到这和我们所谈的有什么关联吗?"

我帮帮他们,说:"如果连数据也不准确,硬要得到准确的答案是徒劳的,那些自诩比问题所包含的不确定因素还要精确的答案,其实也不是什么好答案。"

查理看出了当中的关联,他问:"你的意思是就算我们用不同的次序编排 X 的运作,其实区别不大?"

"在某些情况下,是有点儿区别的,你可以找到无数探讨这个题目的论文,但问题是,那些都是真正的区别吗?"

不出我所料,露芙问:"你说'真正的区别'是指什么?"

"比项目的不确定因素更大的区别。"在露芙开口质问我之前,我先问大家:"应付项目的不确定因素,我们靠的是什么?"

我让他们想一会儿。

"项目缓冲？"白赖仁迟疑地说。

"为什么？"

他不那么犹豫了，并回答："因为项目缓冲可化解所有不确定因素的累积影响。"

"你们认为呢？"我问全班。

他们认同白赖仁，我也是。

"我已记不起曾经读过多少篇关于资源运用次序优化的论文了。"我告诉他们，"总之数不胜数，当中提出很多方程式来排列资源，并且考虑了所有你们提出的因素和你们没有提出的因素，但我不再浪费时间阅读这类论文了，为什么呢？因为每个说法对项目完工时间的影响甚至还不到项目缓冲的一半。"

韦逊扬起眉头。当然，这些论文没有提及项目缓冲，我只能用常理去估计，假设每个步骤的预估都包含了安全时间，项目缓冲大约是项目完工时间的 1/4，我提醒自己稍后向他澄清一下这点，但学生大都不会去读这些论文，所以我继续。

我把讨论带回焦点。"查理提出我们必须考虑资源的争夺，他是对的，有些项目的争夺太激烈，连接驳缓冲也不胜应付，但实实在在地化解资源的争夺与埋头优化这些资源的排程是截然不同的。"

查理不争辩，他是个实际的人："那么，我该怎么办？"

"消除那些争夺。"泰德告诉他。

"说来容易。"

泰德试图证明那真的不难，但他的解说甚至连我也听不懂。

"你可以在白赖仁的图上解释你的想法吗？"我提议。

泰德乐意遵命，但他跌跌撞撞，挣扎了好一会儿。所有人都尝试施以援手，但帮助不大，情况有点混乱，最后，泰德终于完成了，他确保 X 的所有步骤都不会被编排成并行的。

"你可以指出哪一条是关键链吗？"我请求。

他画上一条粗线。

"既然你改变了制约因素，就必须更改接驳缓冲的位置。"
我提醒他。

在同学的帮助下，他继续画。

我们审视两个图，查理画的关键路线图及泰德加上关键链的一个，区别相当大（见图21）。

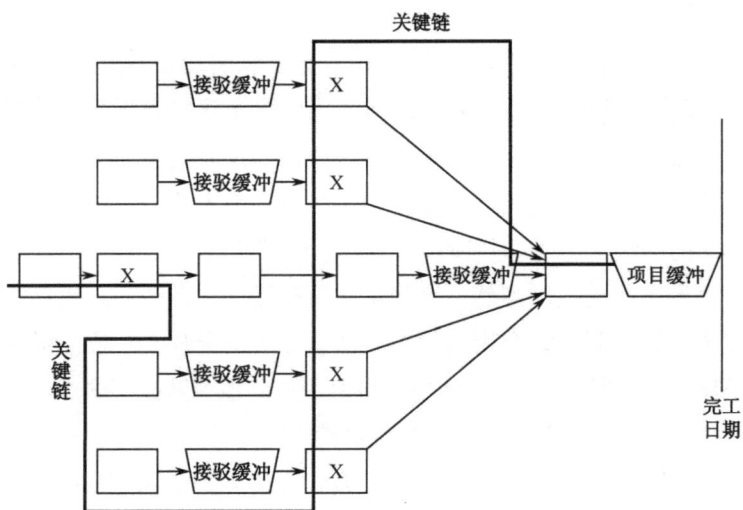

图 21

"它推迟了完工日期。"查理担心。

"没有，它没有。"马可说，"只是防止你自欺欺人。"

查理澄清："我当然是指资源 X 推迟了项目的完工日期，我想我必须检查一下，有什么工作可以由 X 转嫁给其他人来做。"

"或者，不是转嫁给其他人，而是转嫁至其他时间。"白赖仁评论说。

查理呆板地看了他一眼。

白赖仁连忙解释："资源 X 并不是整个项目期间都忙个不停的，如果你看看他的工作细节，你会发觉他的一部分工作是可以早些或迟些做的。据我的经验，人们经常把工作堆积起来才动手一起做，不是因为那些工作必须在那个时候完成，而是因为他们想节省时间。"

"你说对了。"白赖仁证实，"X 的工作主要是为自己编写的程序加上使用说明。一些使用说明在整合软件时十分重要，必须立即写，但很多使用说明只有将来保养时才用得着。当然，程序刚刚出来的时候，写使用说明会较为容易，但你是对的，他可以迟一些再做。"

我依然看着白板上的两个图，关键链比关键路线长，这对我不是问题，因为这种情况是预料到的，最令我震惊的是几乎所有接驳缓冲都移动了，这是一定的吗？还是我们被一个虚构的例子误导了？

在我们成功完成的 3 个项目中，我没有看到这种现象，因为它们已经接近完成阶段，难怪资源争夺的情况不多。

我把问题向全班提出，要他们想想各自的项目，看看资源争夺到底有多严重。

不到 10 分钟，得出的答案是"看情形而定"。

对很多项目来说，资源争夺没有什么了不起，但对部分项目，这是个大问题。

我说："如果有资源争夺，关键链就和关键路线大不相同，在这种情况下，追随关键路线而不追随关键链，真正的危险是什么？"

"会闯大祸。"查理震惊，"这正是发生在我身上的，关键路线到处跳，完全失控。"

"甚至更惨。"马可以他洪亮的声音说，"看看白板上的两个图，接驳缓冲全在错的位置，资源缓冲更不用说了，制约因素完全没有受到保护。"

"而我们很清楚将发生什么事。"泰德加入，"墨菲正虎视眈眈，等待着。"

"我们还是赶快检查一下我们的项目。"佛烈对大家说，"我肯定

209

我们有资源争夺，很多的争夺。"

"好。"我说，"你们具体怎样进行？"

马可回答："首先，我们将资源加进我们的计划评核图中，它们一直没有在项目中清楚显示出来，然后……"他停下来。

"我们要怎样才可以确定，那些有限的资源所要进行的步骤不会被编排成并行的啊？"露芙担心。

"这个我会办。"马可说，然后补充，"与其将步骤画在纸上，何不用一些较灵活的工具？我们剪一些纸条，每个纸条代表一个步骤，纸条长度代表时间，这样，我们可以移动它们，直到争夺完全化解为止。"

"好主意。"露芙同意，"或者我们可以找一些适合的软件。"

我看看手表。"继续说吧。"我催促他们。

马可说："一旦所有争夺都消除了，而我承诺不花太多的时间计较各步骤的次序，我们就寻找关键链，然后加进接驳缓冲，这会改动一部分日期，但不会影响我们学过的项目管理原则。"

"如果你找到几条链，它们需要的时间都一样长，那又怎样？"白赖仁问。

马可看着我，等候答案。

"选一条，任何一条。"我说，"而为了证明我是对的，今天的作业，就是以你们各自的项目，执行我们今天谈过的东西。"

"不用你吩咐，我们都会去做的。"白赖仁说。

"对，但为了我，请你自己回答你提出的问题，如果几条链的长度都一样，为什么选哪条区别都不大，只要任选一条就行了？"

学生们下课了，韦逊走过来。"你的教学风格真特别。"他称赞我，"就像新的知识在众学生眼前诞生，妙呀！"

我不敢告诉他他说对了多少，以及在这堂课之前，我根本从未想过会有关键链这东西。

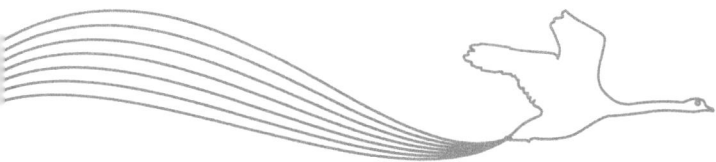

23

信心危机

Critical Chain

皮治说："大家都知道，我们说服了一批本地公司，包括一些很具规模的，组成一个委员会，探讨他们到底希望大学教什么。"

云柏妍并不满意皮治的说法。"在职工商管理硕士课程是我们最赚钱的课程，但很遗憾，招生情况并不理想，这是我们首次直接和企业界谈这个课程。"她强调，"委员会中的各企业总裁告诉我，他们不派学生来，是因为课程并不针对他们的需求。"

皮治继续说："过去3星期，韦逊花了很多时间协助委员会整理及了解他们的需求，这份报告就是他们努力的成果。"他交给云柏妍一份薄薄的文件。

很薄的文件，第一页只有标题："在职工商管理硕士特别课程"。

第二页是一张很短的项目清单，她很快就读完了。

"达到他们的要求并不难。"皮治对云柏妍说，"事实上，我认为现在的课程已覆盖了所有项目。韦逊，你认为呢？"

"对。"韦逊直截了当地说，"撇开报告内奇特的用词不谈，这些只是一般的项目：项目、生产、资讯系统、财务、人事管理、营销。没有一项是特殊的，都是工商管理硕士课程的标准内容。"

云柏妍有点儿不耐烦，"这是个不容错失的好机会，为了确保成效，课程一定要特别一点，如果只维持我们的旧有思路，跟其他人的做法一模一样，我们会一直走下坡路的。我的问题是，怎样能够把课程搞得特别一点儿？"

"方法就在下一页。"韦逊说，"问题不在于科目，而在于内容及教授方法，看看下一页。"

"传授的知识未能令公司得益。"云柏妍读出第一项。

"他们怎能这样说？"皮治有点儿气愤。

"提出这样的指责，很容易。"云柏妍直截了当地回应，"问题是，我们可以做点儿什么吗？"

"我相信可以。"韦逊说，"以费沙新的生产课程为例，我从一些学生口中知道他们已能有效地运用学到的新知识并取得了成果，令公司削减库存，同时增加销量。采莲的会计课程是另一个好例子，成绩骄人，真奇妙！"

"奇妙的会计课程？"皮治惊奇。

"对。"韦逊说，"她教人怎样决定投资的取舍，我亲耳听过学生讲述他们怎样运用这种知识，替公司省了数十万美元。"

"难以置信啊！"皮治喃喃自语。

韦逊假装听不到，他说："让我也提一提我的系统课程，今年我大刀阔斧地修改内容，正带来效果，但毫无疑问，表现最佳的是李查德的课程，你听说过吗？"

"当然听说过。"云柏妍回应，"但是，到底发生了什么事？你们教这些课程已经很多年了，怎么突然变得那么神奇呢？"

"全因费沙。"韦逊回应，"他从优尼公司带回突破，而我们就在那基础上发展下去，大大改善了我们的教学，几乎所有东西都要改变过来。皮治，你出席过他的报告会吗？"

"只逗留了 15 分钟，我有一个很重要的会议，但我事后听到很多好评。"

云柏妍日夜祈求的梦幻组合原来就在大学里吗？实在令人难以置信。她读出第二项："课程引用的例子太虚假。"

"这真是个问题。"皮治说，"我一直鼓吹更广泛使用哈佛商学院的个案，但你知道人的惰性是多么难克服的，尤其是我们这些教授。"

"哈佛商学院的个案是向前迈进一步，但我担心它们还不够好。"韦逊提出意见。

"什么意思？"皮治有点儿惊讶。

"个案的缺点是它们太黑白分明了。"韦逊解释，"数据只能是有或没有，但现实不是这样的，现实包含了很多变数、不清晰，甚至具有争议性的东西。"

"没错。"云柏妍同意，"但我们不能做点儿什么吗？"

"我认为可能，李查德已经指出了一条途径。"韦逊说。

"李查德？"云柏妍想证实自己没有听错。

"对，在他的课程中，学生要解决的都是工作上真实的问题，我同意，要采用他的教学方法并不容易，但无可否认，他用得挥洒自如。"韦逊说。

"好。最后一项是'学生们没有学到解决问题的技巧。'嗯，很明显，上李查德的课，他们是学到的。"云柏妍说。

"对。"韦逊说，"但是只解决个别问题是不够的，我们必须教他们如何有系统地在不同领域发挥技巧。"

"这个难度很高。"皮治评论说。

"是的。"韦逊回应，"但有了费沙从优尼公司带回来的思维方法（thinking processes），就比我们想象中的容易得多了，我们教的还远远不够，现在既然所有教授都学会了这个思维方法，我们打算把它融入课程中，这也有助于我们熟习李查德的教学方式，不是人人都有他这种才华的。"他顿了顿，然后继续说："这些改变不仅是可行的，而且是必需的。"

云柏妍正尝试消化这些好消息，韦逊低声继续说："有一个大难题，我们要怎样才能令企业界了解我们的在职工商管理硕士课程这么有价值呢？"

"实在是个难题。"云柏妍同意。她考虑过各种方法，似乎没有一个可行。"你们有什么提议呢？"她问。

"我们 4 人曾经讨论过并得出一个想法，但太不符合传统了。"

"不妨说说。"她轻声说。

"我认为最大的问题是，很多企业不再相信，一个职员拿了在职工商管理硕士学位后表现会更佳，他们看不到课程会为公司带来什么实质利益。那么，我们何不干脆向他们承诺这个呢？"

"什么意思？"皮治问。

"举个例子，我们可否向企业提出，只有在学生运用所学并为公司带来最少 10 万美元的收益之后，公司才需要交学费？这样做风险其实不大，你看看，现今企业界所犯的错误是那么普通，我们 4 人有信心可以带来这些收益，起码直至我们的知识融入公司的标准运作模式中去，而到时课程的真正价值便一定会被认同。"

"想也不要想呀！"皮治大呼，"我们是一所大学，不是低级的顾问公司，我们没有必要去证明自己。"

"要的。"云柏妍说，"是放下架子的时候了，不停地有人说我们无法提供足够的价值。我们的确需要证明自己。"

"没有任何大学会提出这种做法的，太尴尬了。"

"听听你自己刚才说的话。"云柏妍柔声地告诉他，"'没有任何大学会提出这种做法的'，对了，他们不提出是因为他们无法办到，还有——如果没有其他大学想到这种交易，对我们更有利。"

皮治猛摇头，"我们才不提出什么交易，简直是发了疯。"

"我想，大家还是放开胸襟，再三考虑清楚好。"云柏妍平和地说，"谢谢你，韦逊，你从多方面拓宽了我的视野。"

韦逊走后，皮治转向她，说："云柏妍，我们是一所大学，不是赌馆，你到底怎么了？"

"告诉我，皮治，你相信韦逊所讲的吗？那些不同凡响的新构思？"

"我认识他 20 多年了，他是我认识的最可靠和最踏实的人，他今天的提议听起来难以置信，但如果他说他们能交货，那么他们会办得到的。"

"那么，这就不是一场亡命大赌博啦。"

皮治开始抗议，但云柏妍止住他。"我们不要争论吧，让我们先做足功课，我们这个星期各自找一个总裁谈谈，不一定是委员会的成员公司，看看要让这些企业家相信我们的课程实在卓越，我们还要做些什么。"

"我绝不提出任何疯狂的交易。"皮治很坚决。

"我没有叫你这样做，只不过让他们知道我们有一个卓越的工商管理硕士课程，你要强调我们谈过的要点，课程会为他们带来利益，会采用公司真实事例，以及教会他们的经理怎样更有效地解决问题，我只想看看怎样才能说服他们。"

"这个我可以做到。"皮治说。

"啊，皮治，还有一件事，李查德似乎是真正的人才。"

"他是的，而我们将要失去他了，你不批准任何人转入永久职系嘛。"

"我们不能失去他，把文件递上来，我马上批。"云柏妍说。

"麻烦你，柏德信先生在吗？"

"请问阁下贵姓？"秘书问。

"我是费沙教授。"

"费沙教授，请等一等。"

电话传来音乐声。

"费沙，你好吗？"

"很好，柏德信，你有空吗？"

"当然，有什么贵干？"

"我们上个月谈过的事，我已经完成了我那部分，现在轮到你行动了。"费沙说。

"这么快？你肯定吗？"

"肯定。"费沙信心十足地说。

"多给我一点儿资料。"柏德信想先自行做个判断，这就是他的性格。

"如果我没错的话，你集中投资在我们5人身上，好让你不必在每个新雇员身上投资那么多。"费沙说。

"正确，优尼公司不可能自行教育每位新雇员，这本应是大学的责任。"

"我们的大学已经准备就绪。"费沙说，然后补充，"今年的在职工商管理硕士课程毕业生完全精通有效产出世界，以及TOC制约法的各个应用专题，如生产、财务、系统，还有——你听好，项目管理。"

"那么，不止你一个人教。"柏德信显得很高兴。

"当然不，一个人教不了这么多科目，所有在职工商管理硕士课程的教授都着了迷，而且，柏德信，他们的表现真棒。"

"你怎么知道？由考试成绩判别吗？"

"经过你的教导，我还需要用上这个吗？况且，还有一个多月便是大考，我正在用你的衡量准则——学生在自己的公司所取得的成果。"费沙说。

"好极了，营销和学习型企业方面又如何？"

"这两方面也有起色，但重点不在这里，柏德信，我相信我们已经跨过了最大的障碍，院长和大学校长都表示支持，他们将推出一个围绕 TOC 概念的工商管理硕士课程，而且，他们承诺毕业生必然会为公司带来实质的收益并以此作为卖点向本地工业界推出，真是一个无法抗拒的提议。明年，我们将有 3 个这类课程并行。"

"很好！但是，费沙，另一方面呢？你知道它的重要性也不比这个低啊！"柏德信问。

"你是指我们的研究能力？要实际和经得起考证？我已说过，我们开发了项目管理的应用专题并已在几家公司试行，它跟其他 TOC 应用专题一样，得出令人惊讶的好成绩。"

"我们需要这个。"柏德信说，"我们在项目管理方面做得不够好。"

"是，我知道。"费沙回答，"我听说你们在市中兴建的新设施已经比原定计划迟了 6 个月。柏德信，这个应用专题威力大得很，它曾经在产品开发方面试验过，相当有效。"

"太棒了，看来你已经做足了所有基本工作，是我加入的时候了。"

"肯定。如果你想我们的大学也教肄业生这个实用的技巧，你最好现在就行动。顺便问问，其他 4 位教授进展如何？"费沙说。

"不错，看来我们将在一所工程学校和人力资源部建立集中点，但根据你所说的来判断，你的进展最大。告诉你，为了改善我们的运作，3 星期内我会到你那儿取经，替我安排一个一天的项目管理速成课程，可能是一个好主意。"柏德信说。

"没问题，但你不认为你应该见见商学院院长吗？"

"费沙，我有分寸，我会提议肄业生也学习这门技巧，如果大学同意，优尼公司将聘用他们的高才生。"

"好哇。"费沙不能压抑兴奋之情，"我们的大学从此闻名全国了。"

柏德信说："对，还有，优尼公司即将慷慨地送钱给你的大学，令你们出色的教育工作对业界产生最大的影响。费沙，我要见的不只是院长，我们的合作既然达到了这个规模，我必须见见你们的校长，她是个强人吗？"

"你可以说她是。"费沙暗笑。

24

项目经理大混战

Critical Chain

今天是这个学年的最后一天，我（李查德）打算一反传统。通常每个学年结束时，我都会感到筋疲力尽，甚至江郎才尽，但这次不同了，在这堂课中，我们将解决一个困扰着我多个星期的问题。这将是很特别的一堂课，我甚至邀请了费沙听课。

"马可，你可以向大家介绍一下你的情况吗？"

马可站起来，开始以他洪亮的声音发言："你们都知道，我们不再搞 A226 数据机了，那台数据机已成为历史了。"

"那就是我们公司的现况。"露芙不希望任何人误解，"A226 数据机是我们历来最大的成功。"

"真的。"马可豪气十足地对她微笑，"而接下来，我们 3 人要缩短所有开发项目的时间。"

"好哇！"泰德暗叫。

"一开始，我们就知道最大的挑战在于怎样处理资源的争夺。"马可顿了顿，试图找出一个恰当的方式去解释这个挑战的特质。

"这不是已经解决了吗？"罗杰问，"我还以为资源的争夺已经由关键链的概念解决了，我遗漏了什么吗？"

如果有人戏剧性地转移了自己的宏观视野，那人必然是罗杰，他抛弃了以前"我什么都看透了"的面具，进而对我们的课题产生了浓厚兴趣。有时候，他甚至寻求我的协助，解决计划在推行上的问题，但这并不表示连他的性格也改变了，他依然是愤世嫉俗、十分自负的老模样。

马可解释："关键链清除了项目内的资源争夺，但项目之间的资源争夺还没有触及。"

"为什么不运用同样的逻辑？两者到底有什么区别？"泰德看不出一个项目和多个项目在概念上的区别。

在马可开口之前，我插嘴："泰德，你的公司有多个项目同时进行吗？"

"当然有。"

"那么你一定有直觉去回答自己的问题，试试看，动动脑筋，问题出在什么地方呢？"我说。

"我马上想到的，是协调问题。"泰德说。

我说："协调是一个被滥用的名词，常常被人用来掩饰无知。泰德，你不想让我们怀疑你是这样的人吧？"

"绝不。"然后他马上跳到另一个极端说，"资源争夺，即同一资源在同一时间要进行两个不同的步骤。"他浪费时间，解释一个人人都懂的名词，还一本正经地说："避免两个步骤争夺资源，通常要靠推迟其中之一。问题是，正如我们详细讨论过的，没有精确的方法决定推迟哪个步骤，于是就随意做个决定算了。"

我喜欢他推论的方式，为了迫使他继续，我说："在同一项目内也有这种现象出现，为什么当两个步骤来自不同的项目时，问题会大起来？"

"因为牵涉两个项目经理。"他信心十足地回答，"在你自己的项目内，所有步骤你都可以随意改动，但当牵涉别人的项目时，情形就不同了，很自然地，每个项目经理都将力争，确保被推迟的不是自己的项目。"

"这会是个大问题吗？"我继续几乎是修辞性地发问。

"你在开玩笑吧？"泰德微笑，"马可，现在我看清了，你面对的不单是一个协调问题，它还是一场噩梦。"

"这个形容真恰当。"马可同意他，"遗憾的是，我们不知道这是一场噩梦，直至我们踏进了它。"

"是双脚踏入。"露芙补充。

"倒不是因为我们笨。"佛烈忙加注释，"而是因为我们不知道还有什么解救办法。"

"你们想知道发生了什么事吗？"马可问。

我并不是唯一一个提出修辞性问题的人。

"嗯，第一个问题是机械性的，假设一张纸牌代表一个步骤，我们的项目跟一般大型项目一样，由大约 100 个步骤构成，你要知道，要移动 100 张纸牌，直至所有资源争夺都解决，是颇费时间的，为了化解一个资源的争夺，你移动了一张纸牌，还必须移动同一路径上的其他纸牌，这通常又会引起其他资源的争夺，因此往往要花上数小时。试想想，这只是一个项目，而你要应付 6 个项目之多。"佛烈说。

"所以——"佛烈继续说，"我们去找计算机部。"

"故事就在这儿结束了。"白赖仁插嘴，"在我们的公司，要求计算机部做点儿事，非等几个月不可。"

"我们的公司也一样。"佛烈回答，"但我们通晓门路，你们瞧，我们的任务被确认为超级重要，获得了优先权，我们很快便得到了一个'够好的'软件并输入所有资料，然后开始试。"

"试，试完再试。"露芙笑着说。

"这些计算机系统的确是拖延的最佳借口。"马可同意说，"我们处理的是极细微的争夺，如果没有计算机的话，我们根本不会去理它。我们终于清除了项目内所有争夺，然后，当然，正如泰德所料，我们必须向所有项目经理开战。"

"请容许我长话短说，连续几场大战之后，项目经理之间有了协议。"佛烈用一句话来总结耗时多天的激烈争吵。

"事实证明我们是愚蠢透顶的，你们猜得到发生了什么事吗？"马可问全班。

每个人都努力思索，但没有人能够作答，甚至泰德也不能。

马可不耐烦了，说："你们遇见过一个延迟完成的步骤吧？"他给他们一点提示。"一个步骤延误了少许，'轰'的一声，多米诺骨牌效应来了，所有项目都在争夺资源，我们要浪费时间来排解纷争。泰德，你称之为噩梦，绝对没错。"

"我明白。"泰德同意，"这种事情也极容易在我那儿发生，你最后怎样应付？"

我说："在找出解决方法前，谈谈你们犯了什么概念上的错误吧？"

"我们把预估看成真的一样。"露芙回答。

"这是什么意思?"我追问。

"假设我们预估一个步骤需时 10 天,其实最终 7 天或 15 天完成也有可能,但我们输入计算机的是 10 天,然后就把这个数字看成神圣的。"

"我仍然不明白。"我说。

"我们为区区 3 日的争夺大为紧张,其实整条路径的总预估有 30 多天。"

佛烈进一步说明:"基本上,我们跌进了陷阱,以为 8 乘以 8 必然等于 64;我们吹毛求疵,自欺欺人地要求精确,每个人都为争夺资源而争斗,其实如果我们不过分紧张,这些争夺是可以由缓冲来轻易消化掉的。"

马可总结:"结果,我们不断漫无目的地改变排程,就制造了真正的麻烦。"

"我明白。"白赖仁说,"谢谢你告诉大家这些,现在我知道禁忌是什么了,但我还是不知道正确的做法,我们不能不理会争夺啊。"

"绝对正确。"马可同意,"我们不能忽视一个项目中的争夺,当多个项目并发时,更不能不理会它。"

"看到我们面对的矛盾了吗?"佛烈问,"一方面,我们想消除争夺,但另一方面,当我们这样做时,一场噩梦却降临了。"

"那你们怎么办?"白赖仁急于找出答案。

"我们找李查德教授帮忙。"佛烈说。

"其实这完全是不必要的。"我强调,"你们已经有答案,只不过懒于去发掘罢了。"

"这样说太不公平了!"露芙反驳,"你教了我们后,我也花了一段时间才完全消化啊!"

"解决方案是费沙教授在生产课程中教你们的,后来韦逊教授又在系统课程中进一步解释过。"我说。

我知道我有点儿不公平，我的确花了几星期才理出头绪来，但我想令学生开窍，让他们明白，有效的概念是可以由一个领域拓展至另一个的。

"我们面对的是资源争夺的问题。"我开始解释，"你们在生产课程中遇到过同样的问题吗？"

"当然有。"白赖仁说，"每当一台机器前出现物料长龙，而它们的优先顺序又不明确的时候，资源争夺的现象就出现了，几个任务争着在同一时间用同一个资源。"

"正是。"我说，"而你们怎样处理这种情况呢？你们知道为所有机器制定排程是愚蠢的，你们可以做些什么？"

"找出瓶颈。"查理说。

"然后呢？"我问。

"挖尽它的潜能，具体安排瓶颈的生产排程。"

我说："这样，你就化解了对瓶颈的争夺，你没有叫它在同一时间做两件不同的事。然后呢？查理？"

"然后就是迁就，所有其他资源尽量去迁就它。"

"结果怎样？"我问，我越来越精于提出修辞性问题，尤其对这班学生，他们是在费沙那里学到这些东西的。

查理回答："其他资源负荷过重的情况大多有效消除了，而间歇地出现的工作量波动，则会由缓冲调和并消化掉。"

"正是。"我越来越起劲，"我们何不在项目中运用同一概念呢？"

"但在项目中，我们没有瓶颈。"泰德的反应太快了。

"真的吗？"马可语带讥讽地问，"你的公司完全没有瓶颈？"

"我们现在谈的不是单独的项目，而是多个同时进行的项目啊！"

"我明白了。"

"不确认瓶颈会带来些什么麻烦？"我问，"不单在协调各项目方面产生混乱，我们在生产线上所遇过的麻烦，你在这里也会遇上，不特别留心瓶颈，不利用缓冲保护瓶颈以防墨菲突袭，最终都会导致瓶颈的时间无可避免地被浪费掉。"

佛烈继续说："公司整体的有效产出也有损失，我们完成的项目比我们本应可以完成的少。"

马可接棒，"所以，我们要先寻找瓶颈，这不难，我们一直都知道，那就是数码处理部，然后为他们制定排程。"

"怎样制定？"白赖仁打断他的话。

"就用生产线的方法，他们根据订单的交货日期订立优先顺序，而我们则根据项目的情况预估完成日期。"马可说。

露芙继续说："从这个阶段开始，事情就好办得多了。我们回头将每个项目当作单一的专案来处理，其他各项目对它的影响已经不成问题，因为我们利用了在制定数码处理部排程时得到的额外资料。"

对大多数人来说，这个解释似乎草率了一点儿。

"我们所有项目都有一些步骤要由数码处理部完成。"佛烈解释说，"数码处理部的排程具体列明每个这类步骤的开始和完成时间，那么，有了这些作为依据，我们处理个别项目时，首先就当作其他项目都不存在，放手消除这个项目内的争夺，然后做一些调整，把它嵌入以数码处理部为骨干的多项目总体架构中。"

"这会改变关键链吗？"泰德问。

"对一些项目来说，会。"佛烈承认。

"然后你们加进缓冲？"白赖仁核证。

"当然。"马可回答，"但还有一点要留意，一直以来我们谈及的缓冲——项目缓冲、接驳缓冲和资源缓冲——全都集中在保护个别的项目，我们还必须谨记保护瓶颈，因为它关乎公司的整体表现。"

露芙继续说："所以我们必须加进另一个缓冲，即瓶颈缓冲（bottleneck buffer）。这其实也不难，我们认为给它 2 星期已经绰绰有余了，每条通过数码处理部的路径我们都提前 2 星期开工，就这么简单。"

教室里鸦雀无声，每个人都力图消化刚才听到的，我不打算打破沉默。

"我们仍然不能确定究竟只由数码处理部制定排程是否已经足够。"佛烈说,"记住,搞生产时,我们有时候不单要考虑瓶颈,还要顾及一两个产能制约资源。"

"你们怎样判别?"查理问。

"我们用火眼金睛监控各个接驳缓冲,留意任何警告信号。"佛烈回答,"如果一个资源的争夺开始猛烈地吞噬各个接驳缓冲,我们就会知道。"

"但我们只有到了这个地步,才会确认它又是一个资源制约因素,而绝不是在这之前。"马可马上补充,"我们不打算歇斯底里地把每个自称忙碌的部门都当作制约因素,我们吃过苦头了,绝不回到那场噩梦中去啊!"

我和茱迪两人,正在纽约一家小餐馆吃早餐,所谓入乡随俗,我们点了炸面包圈、奶油乳酪和熏鲑鱼,味道还不错。

纽约是茱迪最钟爱的狩猎区,她已经把她的购物技巧升华为一门科学,我们不需要去逛每家商店,去找寻吸引我们视线的东西。噢,绝对不需要,我们的手法高超得多了,茱迪会预先安排好一切,甚至选定要到的商店及来回的最佳交通路线。

昨天我们为找一张东方地毯跑了 7 家商店,我已经筋疲力尽,不能支撑下去了。六点,我们回到早上去过的第二家商店,于是战斗打响了,半小时后,花了 940 美元,我们—— 一张细小但夺目的波斯地毯的物主——从商店中豪气十足地走出来。"我们起码节省了400 美元。"茱迪为全日做总结。

"今天我们的猎物是什么?"我问我的"统帅"。

"一套古典茶具组合。"她说。

"我还以为你已经很满意去年买的瓷器了?"我喜欢那套瓷器,虽然我当时认为 500 美元太贵,甚至为此发了一阵子牢骚。

"我们的瓷器还不错,但为了特殊的场合,我们需要一套银茶具。"然后，她不经意地说，"你的下巴沾了乳酪。"

我几乎哽死，特殊的场合？例如，英国女皇每年驾临寒舍两次？

"抹干净你的下巴。"她提醒我。

我抹了。"预算是多少？"我壮着胆子问。

"不超过 6 000 美元。"她回答，"讨价还价将不会很容易，所以这一次在我议价时，你必须演好你的角色，不要苦着脸，像木头似的站在一旁。"

现在我已经转入永久职系，我们不用为储蓄防老操心，大学的养老金已足够应付，但 6 000 美元？为了一些我们永远不会用到的东西？然后，我突然明白了她是对的，好主意。

我满意了，我宣布："让我们开始收藏一个系列。"

"银器珍藏。"茱迪为它命名。

我吃光余下的炸面包圈，然后要服务员再来一份。"来年我们逐步令珍藏系列丰富起来。"我打趣地说，"然后我们捐给市当局，各地的人都会来参观。"

"我希望留给我们的孩子。"她低声说。

"我也是，我也是。"

我喝着咖啡，脑海中一片空白。"我希望我们还可以做点事。"

我放下杯子。"来吧，茱迪，让我们征服这个城市吧。"我站起来，准备出发。

"还有一件事。"她说。

我到她的背后，准备替她拉椅子。

她没有站起来："有个方法，可以令我们有自己的孩子。"

我重新坐下来："但是，亲爱的，你不是不愿意去领养吗？"她把手搭在我的手上："现在有了一个方法，可以有我们自己的孩子。"

"但是……"我突然感到浑身无力。

她摸摸我的手臂，说："我的卵子和你的精子，都没有问题嘛。"

"你是指试管婴儿？"

"对。"

我们可以有孩子？我努力消化这个构想。

"李查德……亲爱的……我们走吧。"她站起来，"这不是我们能力范围之内的事啊。"

"不。"我捉着她的手，拉她回来，"你肯定这是可行的吗？我知道这个东西不担保成功的，但是，这是可行的吗？"

她回答："是的，但我们何苦折磨自己呢？我们永远负担不起那笔费用的，我们走吧，亲爱的。"

"你愿意进行那种手术吗？"

"你知道我是愿意的。"她坐下来。

"如果最后我们失败了，你受得了吗？"

"我依然有你。"

"茱迪，如果你已有心理准备，我就设法筹钱，无论要多少。"

"有个问题。"她说。

"什么？"

"我们必须推迟我们的银器珍藏计划，你同意吗？"她问。

如果这里不是纽约，我们可能已经被拘捕，罪名是在大庭广众上演一幕亲热戏。

25

回 报

Critical Chain

他们的会早已开始了，十一点，李查德的简报已经完毕。毫无疑问，柏德信很满意，他甚至说这项新技术会带给优尼公司莫大收益。

然后韦逊牵头做简报，介绍一个专攻项目管理的计算机系统并强调智囊团的提示——太复杂的计算机系统反而会为项目带来噩梦。简报完毕，柏德信对一切赞不绝口。

他们不到外边去用午餐，费沙买了三明治。

其实柏德信还不是百分之百满意，他今早听到的只涉及项目问题中很重要的一项，但不是最要命的一项。在他眼中，代价最沉重的错误早在项目开始之前，即他们做出初步决策时已经犯下，例如，进行什么项目，项目包含什么内容。他今早听到的都非常出色，但都只针对项目经理和以下人员，难道没有可以帮助最高管理层决策的方法吗？

他有点儿犹豫，盘算着应不应该提出他的问题，这群人的表现已经很卓越了，他担心诸多提问会令人误会他是故意挑剔。

况且，他已经有收获，他相信他们能够发掘出新的知识，如果他们不局限于后勤的领域，能涵盖财务问题就更好了，但这也不是必须达到的，于是他决定试试提出投资取决的问题，如果他们只以传统的观点作答，他就作罢。

"这星期我将和小组一起筹建一个新设施，肯定会运用你们教我的东西。"柏德信转入正题，"有一件事，想问你们的意见，我充分了解项目经理们的普遍作风，他们一定伸手要钱，要求项目获得额外注资。"

"绝对会。"李查德同意。

"假设他们要我多给 1 000 万美元，令项目提早 3 个月完成，我应该怎样取舍？"柏德信问。

"我敢肯定，用我们的新方法，一定提前 3 个月以上完成，不需要一毛钱的额外投资。"李查德信心十足地说。

"你说得没错。"采莲同意，"但这个问题仍然要解答，假设一笔额外投资可以令项目的完工期提前,我们怎样决定做与不做?"

柏德信点点头,采莲作为财务和会计教授,很熟悉这种问题,但她不寄予厚望,她曾经参与过无数次投资取舍的讨论,但从来没有得出结论。事实上,她有时候真的心灰意冷,那些财务专家总是不明白为什么她不满意传统的取决方法。

"何不以回本期作为主要考虑?"李查德问。

柏德信正想回答,但出乎意料地,采莲抢先发言,她一针见血道:"回本期不能照顾到一个最重要的因素,就是资金是否充裕的问题。"

李查德摸不着头脑,韦逊跟费沙亦然,柏德信会心微笑,等待采莲说下去。

作为一个老练的教师,采莲先澄清问题:"李查德,在什么情况下,我们才会觉得难以取舍?如果两个项目或其一的回报低于投资额,取舍不会是个难题,那么,只有在两个好的选择中取其一时,我们才会真的感到为难。"

"对。"李查德说。

"好了,既然两者都好,为什么我们仍然要选择?何不两者都做?你瞧,原因只有一个,就是资金的供应制约着我们。"采莲说。

柏德信很喜欢采莲明快的表述,他挨在椅背上,等待她说下去。

"回到回本期的问题。"采莲继续说,"李查德,假设你面对两个选择,它们的回本期都是两年,但其一需要投资 100 万美元,另一个要 1 000 万美元,如果纯以回本期做衡量,两个选择看来是一样的,没有优劣之分,但当资金供应是个制约时,我们就知道两者的区别其实十分大。"

"两者没有区别。"李查德打趣说,"对我来说,100 万美元和 1 000 万美元同样高不可攀。"然后,他严肃地补充:"而我认为对优尼公司这类大企业来说,两者实在没有区别,100 万美元和 1 000 万美元都不会构成资金供应问题。"

"会的。"柏德信纠正他，"我们经常遇到投资项目多而资金不足的情况。采莲，你会建议用净现值作为决策的基础吗？"

"不。"她答，"那是一个复杂的方法，但我恐怕它在概念上其实是错的。"

柏德信坐直身子，这也是他的看法，但直到现在，所有财务专家都在鼓吹净现值是决定投资最稳妥的方法。

"净现值把未来的投资和收入以现在资金的价值表达出来。"柏德信重复着他听过无数次的论调，"这个方法照顾了利息和通货膨胀的影响，认识到明年支出或收取的 100 美元不等于今天支出或收取的 100 美元，那又有什么不对？"

"你正点出了问题所在。"采莲回答，"这个方法是以利息计算投资价值，但我们刚说过只要资金供应是个制约，利息就不是一个恰当的考虑因素。"

"但这不正是利息的意义所在吗？"李查德不明白，"假设银行每年向我收取 10 厘利息，不正是我取得贷款所要付出的代价吗？"

"李查德，你到银行借钱，说给他们 20 厘利息，而不是 10 厘，他们会愿意借 10 万美元给你吗？"采莲问。

"不会，除非我有抵押品。"李查德承认，但他没有提及这正是他昨天的遭遇，在茱迪进行手术前，他可能需要 10 万多美元，去哪里找啊？

采莲总结："你们瞧，资金供应，即柏德信的问题核心，根本和利息扯不上多少关系。"

"同意。"柏德信说，"优尼公司并不满意以回本期或净现值作为计算方法。"他充满期盼地问："你有更好的方法吗？"

"有。"采莲回答，"但我担心你会不喜欢。"

"为什么？"

"因为它涉及新的理念。"

每个人都在等着她解释。

"我们刚同意了，资金供应是投资取舍的重要因素。不难证明时间也是，如果时间不是问题，如果投资回报是立刻的，我们的问题就会马上消失，我们可以随意投资于两个选择之中的任何一个，立即赚取回报，然后投资另一个，我们面对的问题其实有两个层面——时间和资金。"

"这很明显。"柏德信说。

"是很明显。"采莲同意，"但我们习惯思考金钱或时间，我们不习惯思考金钱时间（money-time）。看看刚被我们扬弃的方法，回本期以时间作为单位——两年、三年，净现值以金钱作为单位，即多少美元。恐怕我们要的是一个把时间和金钱混在一起的单位，两者不能分开。"

"我不明白。"柏德信说。

"让我试着从另一个角度来解释，在现实世界里，有些事物只能用一连串乘数所得出的积的总和来表达，而相乘的两个数字的来源和性质却截然不同，我们想理解这样的事物就困难得多了。"采莲说。

"真的很难明白。"费沙打断她的话，"你可以再解释一遍吗？"

"物理学家都知道物理学中有一条最重要的定律叫动量守恒定律，一个系统中的各个组成部分的质量，乘以各自的速度，加起来总数是恒久不变的，无论系统内部发生了什么事。但是，不懂物理学的人就难以明白这个概念了。"采莲说。

"我恐怕这个例子也帮不了我多少。"柏德信苦笑说，"你可以给我们更简单的例子吗？"

"假设你有一块田，田间散布着很多大石头，怎样计算清理这块田所需的时间？这个问题有趣吧？"采莲说。

"是的，对一些人来说。"柏德信说。

"怎样计算所需的时间？我们需要知道每块石头的重量和到田边的最短距离，搬动一块石头的时间就由石头的重量乘以与搬动的距离来决定，清理整块田的时间就是把这些积加起来的总和。这个例子就是用一连串乘数所得出的积的总和来表达某个结果，而相乘的两个数字的来源和性质却截然不同。"

"我明白了。"柏德信说，"我甚至隐约看到，这个原理怎样和我们的投资问题扯上关系，但还是由你来详细解释吧。"

"假设你投资 2 美元。"采莲喜欢一步一步地解释，"1 天后，你已经投资了 2 美元一天（dollar-days），5 天后，你已经投资了 10 美元一天了。这个金钱时间相乘的概念大家认为有意思吗？"如果众人的回应是否定的话，她是准备另作解释的。

"真有意思。"柏德信回答，"请继续讲。"

"假设第 11 天的大清早你再投资 3 美元，在这 11 天内你共投资了多少？"

"让我看看。"柏德信尝试解开疑团，"我最初的 2 美元已经投资了 11 天，即 22 美元一天了，另外我再注入 3 美元，为时 1 天，即 3 美元一天，我投资的总数是 25 美元一天，你说的没错，这是各个乘数的总和，但你想表达什么？"

"当我告诉你在第 12 天的大清早可以拿回你的 5 美元，你就会很清楚我想表达的东西，撇除通货膨胀和利息的因素，你会满意这项投资吗？"

"不，我不满意。"柏德信微笑，"我的钱被绑起来一段日子了，我现在只是拿回本金，我的钱被绑起那么久却没有带给我一丝一毫的回报。"

"正是。"采莲似乎把他当作她的学生，继续发言，"你投资了 25 美元一天，取回了你原来投入的 5 美元，你仍然有 25 美元一天的逆差，只要这项投资还未有回报，你当然不会满意啦。"

"我取回了我的钱，但仍然有逆差？"柏德信还不明白。

每个人都在思索着。一会儿后，柏德信说："你是对的。我的投资其实是美元一天的总数，还有——，你给了这东西一个名称吗？"

"我称它'冲刷'（flush）。"采莲几乎笑出来，"要有满意的投资，你必须保证你能够把你的'美元—天'投资先冲刷出来，我如此强调这一点是因为到了回本期。当所有人都说你应该庆幸成功回本时，就正是你的'美元—天'投资达到最高峰的时候，即你的'美元—天'逆差最大的时候。"

"现在我才明白你为什么要警惕，缺乏正确的直觉是多么危险。"柏德信说，"我们习惯把金钱和投资看成同义词，我现在才看到它们之间有巨大区别，甚至它们的衡量单位也不同。金钱以元作为衡量单位，投资却以'美元—天'作为衡量单位。我必须深入思考一下，这可能改变我们整个投资计划。"

他看看手表，说："很抱歉，我必须告辞了，但肯定我们还会有很多收获更大的讨论。费沙，你可以带我见见校长吗？还有，B. J.（指云柏妍名字的神秘缩写）到底代表什么？"

本书角色关系表

丁墨斯	法学院 行政人员
丹尼	企业管理顾问
史唐利	大学校长
史提夫	赞厘模顿公司 物料经理
白赖仁	工厂扩建工程 项目经理
佛烈	赞厘模顿公司 项目审计员
李查德	商学院教授
李维	赞厘模顿公司 工程部主管
法兰伦	大学校长
柏德信	优尼公司 副总裁
采莲	教授（成本会计及财务）
查理	软件开发公司 行政人员
柏斯顿	大学校长
韦逊	教授
泰德	建筑公司 行政人员
纽博	QEC 公司 总裁
茱迪	李查德的太太
马可	赞厘模顿公司 行政人员 负责工程设计
高斯密	大学校长
普曼	赞厘模顿公司 主席兼行政总裁
汤姆	行政人员
菲腊	李查德的老朋友
费沙	教授
云柏妍	大学校长
玛丽安	韦逊的秘书
皮治	商学院院长
罗杰	行政人员 负责挑选及监督转包商
露芙	赞厘模顿公司 营销部产品经理

持续学习

亲爱的读者:

看完这本书,您可能有兴趣更深入地了解这本书背后的TOC制约法(Theory Of Constraints),我乐意与您分享这方面的知识,让您继续追寻TOC的奥秘。

两步骤:

步骤(1) 请先扫一扫右边这个二维码,立即跟我在微信上建立联系,交个朋友,方便您随时找我提问此书的事及您对TOC的任何疑难,并且知悉TOC课程等活动的消息。

微信号wlaw1947

然后,步骤(2),请扫一扫下面这个二维码,进入我为大家组建的"TOC知识宝库",详细看看它不断更新的丰富内容,包括:视频、电脑模拟器、多媒体学习材料、高德拉特大师的中英文版本TOC著作等,加强您对TOC的认识。

https://bit.ly/2Kjb6Bj

通过以上两步骤,TOC的大门将为您打得更开。

谢谢。

本书的中文版获授权制作人、 高德拉特学会 总裁
罗镇坤 谨上

读书笔记

读书笔记

读书笔记

读书笔记

反侵权盗版声明

　　电子工业出版社依法对本作品享有专有出版权。任何未经权利人书面许可，复制、销售或通过信息网络传播本作品的行为；歪曲、篡改、剽窃本作品的行为，均违反《中华人民共和国著作权法》，其行为人应承担相应的民事责任和行政责任，构成犯罪的，将被依法追究刑事责任。

　　为了维护市场秩序，保护权利人的合法权益，我社将依法查处和打击侵权盗版的单位和个人。欢迎社会各界人士积极举报侵权盗版行为，本社将奖励举报有功人员，并保证举报人的信息不被泄露。

举报电话：（010）88254396；（010）88258888

传　　真：（010）88254397

E-mail:　　dbqq@phei.com.cn

通信地址：北京市万寿路 173 信箱

　　　　　电子工业出版社总编办公室

邮　　编：100036